La francophonie aujourd'hui

Réflexions critiques

Collection « Langues et développement »
Dirigée par Robert Chaudenson

La collection « Langues et développement » a été créée en 1988 par Robert Chaudenson dans le cadre d'un programme de recherche intitulé *Langues africaines, français et développement dans l'espace francophone*. Ce programme LAFDEF a permis la publication de nombreux ouvrages, réalisés le plus souvent par des chercheurs du Nord et du Sud, engagés dans les projets ainsi financés. L'idée, clairement mise en lumière par le titre même de la collection, est que le développement, quelle que soit l'épithète qu'on lui accole (exogène, endogène, auto-centré, durable, etc.), passe inévitablement par l'élaboration, la compréhension et la transmission de messages efficaces et adaptés, quel que soit le domaine concerné (éducation, santé, vulgarisation agricole, etc.). Ce fait montre toute l'importance des modes et des canaux de communication, c'est-à-dire des langues. On peut donc dire que le développement dépend, pour une bonne part, d'une connaissance précise et d'une gestion éclairée des situations linguistiques.

Déjà parus

Chaudenson R.(éd.), *L'Europe parlera-t-elle anglais demain?* 2001.
Chaudenson R.et Calvet L.-J.(éds), *Les langues dans l'espace francophone: de la coexistence au partenariat*, 2001.
Tirvassen R., *Ecole et plurilinguisme dans le Sud-Ouest de l'océan Indien*, 2002.
Carpooran A., *Ile Maurice: des langues et des lois*, 2002.
Chaudenson R., *La créolisation: théorie, applications, implications*, 2003.
Ndaywel E Nziem I., *Les langues africaines et créoles face à leur avenir*, 2003.
Rakotomalala D., *Le partenariat des langues dans l'espace francophone: description, analyse, gestion*, 2004.
Kube S., *La Francophonie vécue en Côte d'Ivoire*, 2004.
Brasseur P., Falkert A., *Français d'Amérique: approches morphosyntaxiques*, 2005.
Mufwene S., *Créoles, écologie sociale, évolution linguistique*, 2005.
Canova P., *La littérature seychelloise. Production, promotion, réception*, 2006.
Chaudenson R., *Education et langues. Français, créoles, langues africaines*, 2006.
Maurer B., *De la pédagogie convergente à la didactique intégrée*, 2007.
Maïga A., *Le français dans les aires créolophones : vers une didactique adaptée*, 2007

LANGUES ET DEVELOPPEMENT
Collection dirigée par Robert Chaudenson

Karin HOLTER et Ingse SKATTUM
(Editeurs)

La francophonie aujourd'hui

Réflexions critiques

Organisation internationale de la Francophonie
Institut de la Francophonie

L'Harmattan

© L'Harmattan, 2008
5-7, rue de l'Ecole polytechnique ; 75005 Paris

http://www.librairieharmattan.com
diffusion.harmattan@wanadoo.fr
harmattan1@wanadoo.fr

ISBN : 978-2-296-06251-1
EAN : 9782296062511

Introduction

Ce livre est le résultat d'un colloque international tenu à La Maison des Sciences de l'Homme, Paris, les 29-30 mars 2007, dans le cadre du « Centre de coopération franco-norvégienne en Sciences sociales et humaines ». A l'origine de ce colloque s'est trouvé un autre livre, *La francophonie – une introduction critique* (Oslo 2006), écrit par les organisateurs du colloque, John Kristian Sanaker (Université de Bergen), Karin Holter et Ingse Skattum (Université d'Oslo).

Le titre du colloque : *La francophonie vue de...*, délibérément ouvert, a souligné la volonté des organisateurs de rassembler des chercheurs représentant des aires et disciplines différentes de la francophonie pour une réflexion critique sur son état actuel. Plutôt que de chercher l'exhaustivité, nous avons voulu prendre le pouls, à certains points névralgiques, de ce phénomène, pour poser la question : Qu'en est-il, aujourd'hui, de la francophonie ? Bien sûr, il y a des lacunes et des absences que nous regrettons plus que d'autres : les Antilles, l'océan Indien, la Belgique[1] ... , mais dans la perspective précise qui a été la nôtre, nous pensons que ce livre reflète – et réfléchit sur – la question posée par le colloque. En fait, on est frappé par le nombre d'articles qui questionnent, mettent en perspective, en un mot problématisent la dénomination de « francophonie », de « littérature francophone ». Cette problématique est notamment au centre de la première partie du livre, "Problématiques générales", qui pour commencer prend un point de vue global – pour ne pas dire astral – : « la francophonie vue de

---

[1] Madagascar et la Belgique étaient représentés au Colloque, mais les auteurs de ces communications n'ont pas pu participer à cette publication.

Sirius ». Cette distance permet de retracer le parcours de la notion et de ses manifestations depuis la réunion constitutive à Niamey en 1969-70, et de faire le bilan des contradictions qu'on observe aujourd'hui au sein des organes politiques de la Francophonie avec un grand F. La plus frappante de ces contradictions est la place de plus en plus marginale réservée à la francophonie avec un petit f - celle qui a trait à la langue française. Or, c'est précisément cette francophonie-là que ce livre souhaite présenter, discuter, dans sa diversité disciplinaire et régionale.

Si, après les « Problématiques générales », nous avons choisi de structurer le livre en deux parties selon les disciplines : « Problématiques linguistiques » et « Problématiques littéraires », les liens entre les deux – et aussi les liens avec la partie générale – sont visibles dans la plupart des articles. D'une part, la langue écrite plonge ses racines dans la langue orale (qui pour sa part regarde du côté de l'écrit pour la norme...). D'autre part, les questions d'identité et de représentations linguistiques sont particulièrement prégnantes en francophonie, où les contextes, pourtant extrêmement diversifiées, ont en commun la menace de marginalisation par rapport à la France et, partant, des rapports ambigus à la norme hexagonale. Autre trait commun entre ces contextes : le contact avec d'autres langues, qui colorent, influent sur la forme de la langue française et même sur la vision du monde qu'elle exprime. De ces rencontres naissent des variétés de français et des textes littéraires qui reflètent la pluralité tant des langues (anglais, arabe, langues africaines...) que des variétés régionales de la langue française.

Les aires géographiques analysées et les points de vue appliqués sont multiples. De l'Afrique en Acadie, du Québec au Maghreb, en passant par la Louisiane, le lecteur est invité à s'initier aux pratiques du français parlé par les jeunes d'Abidjan et du Nouveau-Brunswick, à la littérature écrite au Québec et en Algérie, au rôle des institutions, de l'histoire, de l'économie et du politique dans tout ce qui touche à la francophonie....

A la diversité des thèmes traités correspond une diversité d'auteurs, venus eux aussi d'aires et de classes d'âge et de professions différentes : des professeurs émérites – doyens des études francophones – côtoient ici des doctorantes de Paris et d'Oslo et des chercheurs qui, dans leurs disciplines respectives, décident de la direction que prendront les études de la francophonie à l'avenir.

Vu les « cultures » différentes des chercheurs, notamment celle qui prévaut entre linguistes et littéraires, nous avons tenu à respecter l'écriture des uns et des autres tout en harmonisant les conventions bibliographiques et la présentation typographique de l'ensemble.

Pour terminer, nous donnons la parole à un professionnel – un artiste – de la langue, un écrivain qui, tout en soulignant son statut non académique, nous fait comprendre l'importance des langues dans la vie des gens et particulièrement dans celle des écrivains. Son itinéraire illustre mieux que maintes études littéraires ce que peut être le parcours d'un « francophone » aujourd'hui.

Oslo, juin 2008

Karin Holter et Ingse Skattum

PREMIERE PARTIE

PROBLEMATIQUES GENERALES

La Francophonie vue de Sirius

Robert Chaudenson

Université de Provence

La devise actuelle de la Journée internationale de la Francophonie (le 20 mars) est « Vivre ensemble, différents », mais la reconnaissance de la pluralité de la Francophonie n'est pas nouvelle. Déjà, avant le Sommet de Dakar, en 1989, Stélio Farandjis, alors Secrétaire général de feu le Haut Conseil de la Francophonie (HCF), avait avancé l'ingénieux concept de « francopolyphonie » ; il avait l'avantage de l'ambiguïté sémantique, puisqu'il pouvait dénoter aussi bien la diversité des langues dans l'espace francophone (ce qui était la pensée de l'auteur de ce néologisme) que la diversité des variétés de français (ce qui lui aurait sans doute moins convenu). Le Sommet de Dakar accoucha, pas même d'une souris, mais d'un avorton de souris, le fameux « Plan décennal d'aménagement linguistique de la Francophonie - 1990-2000 » qui, comme la plupart des plans décennaux de ces instances, ne dura pas même ce que durent les roses, puisqu'il ne connut même pas un début de commencement d'exécution.

J'avais par ailleurs fait observer, à l'époque, que « francopolyphonie » pouvait engendrer un paradigme, où trouvait tout aussi bien place « francocacophonie ». Quelques années plus tard, j'ai fait une communication sur ce sujet aux Journées scientifiques de Rabat sur le thème « Francopolyphonie et francocacophonie : problématique de la coexistence des langues » (Chaudenson 1999).

Cette pluralité francophone est aussi fortement marquée dans l'excellent site de l'Université de Louisiane à Baton Rouge (LSU), dont le titre est tout à fait explicite sur ce point par son pluriel « Mondesfrancophones.com », avec deux *s*. Ces marqueurs de pluralité s'ajoutent même, dans ce site, à des termes qui n'en présentent guère en général comme France ou Suisse, ces consonnes supplémentaires pouvant parfois être même un facteur de risques politiques dans les cas de Belgiques, Canadas ou Suisses.

L'objet de réflexion qui nous est proposé ici est un peu différent, puisque le point de vue géographique adopté fait que nous verrons probablement confrontées ici les multiples représentations de la Francophonie qui s'élaborent dans les divers lieux retenus comme points de vue, de l'Afrique à l'Acadie, du Québec au Maghreb. C'est pourquoi il m'a paru intéressant de confronter à cette diversité de représentations qui, toutes, doivent sans doute quelque chose à une forme de déterminisme géographique et culturel, une vue plus lointaine et plus globale. J'ai choisi le point de vue de Sirius, puisqu'il est traditionnellement adopté quand on souhaite avoir d'une situation, une vision à la fois générale et distanciée.

Je ne sais trop ce qui, dans les réalités astronomiques, justifie la prédilection pour Sirius. Est-ce le fait qu'elle soit, en dehors du soleil lui-même, l'étoile la plus brillante qui fait qu'on estime que les jugements portés de son point de vue y seront plus éclairés ? Si c'est l'éloignement de notre planète qu'on cherche, le choix est discutable alors, puisque cette étoile est, au contraire, l'une des plus proches de nous. En tout cas, Sirius a ses lettres de noblesse littéraire, puisque c'est de l'un de ses satellites qu'est censé venir le Micromégas de Voltaire et que, bien plus tard, cet observateur vigilant de la politique française que fut Hubert Beuve-Méry écrivait, au départ, dans *Le Monde* sous le pseudonyme de Sirius.

Une approche historique de la Francophonie

Quoique Sirius soit située à une huitaine d'années-lumière de notre terre, il faut bien prendre en compte ce minuscule segment qu'occupe, dans le temps, l'histoire de la Francophonie. En effet, elle n'a même pas un demi-siècle d'existence, sauf à appeler à la rescousse Onésime Reclus, qui paraît avoir été le premier à user de ce terme en 1880.

Liquidons d'emblée une ambiguïté. Depuis quarante ans, on assiste périodiquement à la résurgence du mythe de Francophonie comme entreprise néo-coloniale, forgée par une France nostalgique de sa domination coloniale perdue. Je ne m'attarderai pas sur ce point dont il est facile de démontrer l'inanité. Soyons clairs ; je ne veux nullement vêtir de « pureté candide et de lin blanc », ce que F. Vershave a baptisé la « Françafrique ». « Françafric » aurait été plus précis encore et je ne puis, sur ce point, que renvoyer à mon livre de 1989, *1989. Vers une révolution francophone ?* dont le septième chapitre s'intitule précisément « Francophonie et fricophonie ». Je ne revendique, bien entendu, nulle priorité dans l'analyse, mais je souligne que le premier ouvrage de F. Vershave, *La Françafrique*, paraît dix ans plus tard, en 1998. Je veux simplement faire preuve ici d'un peu de rigueur historique dans la présentation des faits.

En 1969-1970, quand se tient, à Niamey, la réunion constitutive de la première instance multilatérale francophone, l'Agence de Coopération Culturelle et Technique, ce n'est pas le Général de Gaulle qui pousse à la création, laborieuse et contestée, de ce « Commonwealth à la française » dont ont rêvé le Tunisien Bourguiba, le Nigérien Diori, le Sénégalais Senghor et le Cambodgien Norodom Sihanouk. On peut certes voir dans ces responsables politiques des « bâtards culturels », que la colonisation européenne a tout spécialement formés et mis en place pour défendre ses intérêts, mais une telle vision, d'un tiers-mondisme soixante-huitard un peu désuet, conduit, pour ce qui concerne cette même question linguistique, à ranger dans cette catégorie Patrice Lumumba, Amilcar Cabral, Samora Machel et bien d'autres.

On connaît par ailleurs la défiance légendaire que marquait le Général de Gaulle envers les « machins » multilatéraux. La France, qui disposait d'un système étendu de coopération bilatérale, n'avait nul besoin d'un organe de ce type, où son influence ne pouvait être que réduite. La position gaullienne, comme ensuite celle de Georges Pompidou (qui, dès 1973, crée les Sommets franco-africains), est donc très réservée sur l'idée francophone, même s'il n'est guère possible de s'y opposer.

Le Canada fédéral est plus méfiant encore que la France à l'égard d'une entreprise dont il voit bien, non sans pertinence, qu'elle servira surtout de tribune internationale au Québec, précurseur inlassable en matière de réseaux associatifs francophones et qu'on aura bien du mal à écarter de cette institution. Au Canada, on est alors en pleine crise institutionnelle. Les affrontements entre Canadiens et Québécois, avant Niamey et à Niamey même, seront vifs, allant même jusqu'aux incidents de séance.

Toujours est-il que, dans un contexte où les deux « Grands Blancs » (le mot est de L. S. Senghor), la France et le Canada, freinent des quatre fers, on ne peut que réduire au maximum le champ d'intervention de la nouvelle Agence de Coopération Culturelle et Technique qu'on nommait alors « Agecop », avant qu'elle soit baptisée « ACCT », puis, en 1997, Agence Intergouvernementale de la Francophonie, pour finir par disparaître, en 2005, au sein de l'Organisation Internationale de la Francophonie. Le refus initial de donner un rôle politique à cette institution conduisait inévitablement à limiter son champ d'action au culturel et au linguistique. Il a donc fallu attendre 1986 et un certain apaisement des querelles entre « Grands Blancs » pour que se tienne le premier « Sommet des chefs d'Etat et de Gouvernement ayant en commun l'usage du français » et que s'opère une ouverture officielle nette de la Francophonie en direction du politique.

Revenons un instant à Niamey car le moment initial est important. Une lecture soigneuse de tous les textes de cette réunion montre que le français est la seule langue qui y est évoquée. Les « langues nationales », comme on les dénommera ensuite, ne sont jamais mentionnées. Toutefois, les Etats présents à Niamey, anciennes colonies françaises ou belges, peuvent être regardés comme géopolitiquement, sinon linguistiquement, francophones, quoique souvent seule une partie très réduite de leur population ait un réel accès au français. On peut donc admettre sans trop de mal, vu le vague de la formulation et sans préciser la nature de l'usage évoqué, qu'ils ont « en commun l'usage du français ».

Si, dans une vue globale et rapide, on tente de marquer les étapes majeures de l'évolution de la Francophonie, son histoire est assez simple:

Niamey 1970. Les Etats et Gouvernements participants sont au nombre de 21 et, pour le Sud, tous les pays sont d'anciennes colonies françaises ou belges. Le français est la seule langue prise en compte et l'on ne fait aucune mention d'autres langues.

Maurice 1975. L'ACCT met pour la première fois l'accent sur les « langues nationales ». Les langues locales sont ainsi désignées, puisque, dans la plupart des cas, le français est la langue officielle des Etats.

Versailles 1986. Premier « Sommet des chefs d'Etat et de gouvernement ayant en commun l'usage du français ». On n'use alors ni de l'expression « de langue française », ni du mot « francophones ». Le nombre des Etats et Gouvernements est passé de 21 à Niamey à 41. Il atteint 47 en 1991 (Chaillot) et passe à 68 (55 membres et 13 observateurs) après le sommet de Bucarest en 2006. Il est facile de comprendre que l'immense majorité des quarante-sept Etats qui, depuis Niamey, sont entrés dans la Francophonie n'ont avec la langue française que des rapports limités, parfois incertains et en tout cas, toujours lointains, exception faite d'Andorre dont le poids démographique et politique est modeste.

Dakar 1989. Ce Sommet aurait dû constituer une étape majeure, puisque c'est là qu'est décidé le « plan décennal d'aménagement linguistique de la Francophonie » que j'ai évoqué. S'y esquissent des thèmes qui vont devenir récurrents dans les dix ans qui suivent, sans pour autant toujours entraîner des actions effectives. Ce seront « l'exception culturelle » (Maurice, 1993), la « diversité culturelle » (Cotonou, 1995, Beyrouth 2002) et « le partenariat des langues ». Tout cela conduit en 2005 à la « convention sur la protection et la promotion de la diversité des expressions culturelles » de l'UNESCO, qui, selon le site de l'OIF, serait entrée en vigueur le 18 mars 2007. Depuis le début des Sommets, le « politique » affirme de plus en plus, tout naturellement, sa prééminence au sein de la Francophonie, dont il va devenir l'élément central. La chute du communisme et l'écroulement des « républiques populaires » africaines a fait qu'après 1989, la Francophonie a soudain découvert pour le Sud les vertus éminentes de la démocratie et de la bonne gouvernance. Ces thèmes vont devenir essentiels dans le discours, mais surtout dans les budgets !

Chaillot 1991. Ce Sommet consacre définitivement la « primauté du politique », tant dans les Institutions (avec la création de la « Conférence ministérielle » qui se réunit entre les Sommets et la mise en place du Conseil Permanent de la Francophonie) que dans la réalité, brutale et indiscutable, des budgets de programmes.

Maurice 1993. Ce Sommet reste pour beaucoup celui de l'affirmation de « l'exception culturelle », admise par tous, même par des Etats africains qui, pourtant, ne se sentent guère concernés par elle. Le point essentiel à mes yeux est tout autre. C'est en effet à Maurice que s'opère le changement de dénomination des Sommets francophones que peu d'observateurs relèvent. On abandonne en effet la formule « *ayant en commun l'usage du français* » qui datait de Niamey, pour « *ayant le français en partage* ». Si l'on voit bien que ce changement implique une réduction sensible de la place de la langue française dans la Francophonie, cette modification ne fait qu'entériner l'évolution du culturel vers le politique, les modalités mêmes de l'opération restent obscures, à mes yeux du moins. La version officielle est que cette modification aurait été opérée à la demande du pays-hôte (Maurice en la circonstance). Je vois mal les raisons que pourrait avoir eu Maurice d'intervenir en ce sens et surtout je n'ai rien trouvé dans les textes du Sommet qui fonde une telle explication.

Cotonou 1995. Création du poste de Secrétaire général de la Francophonie.

Hanoï 1997. L'élection, un peu laborieuse, de Boutros Boutros Ghali comme Secrétaire Général de la Francophonie confirme, s'il en est encore besoin, le virage définitif de la Francophonie vers le politique, auquel sont de plus en plus liées, dans les déclarations du moins, les questions économiques. La langue française n'a plus grand chose à faire dans tout cela et on le lui fait bien sentir dans les programmes et les budgets, même si le discours volontariste demeure inchangé.

Les Sommets suivants, de *Moncton* (1999*), Beyrouth* (2001/2002), *Ouagadougou* (2004) et *Bucarest* (2006) ne font que confirmer la primauté de plus en plus grande du politique, qu'accentue encore l'arrivée de nombreux Etats où la place de la francophonie linguistique est des plus modestes. On continue néanmoins à définir des thématiques et des objectifs où langue et culture apparaissent encore : la diversité culturelle, le développement durable ou les nouvelles technologies de l'information et de la communication. En marge des Sommets, elles sont désormais l'occasion de colloques ou de journées scientifiques, souvent intéressantes, mais dont les problématiques sont, en fait, de plus en plus déconnectées des débats proprement politiques entre les chefs d'Etat et de Gouvernement et elles apparaissent sans incidences réelles sur les décisions finales.

Le cas du Sommet de Bucarest (2006) est, à cet égard, exemplaire. Alors que le thème était « Les nouvelles technologies de l'information et de la communication dans l'éducation », la presse nous a informés que le centre des débats les plus vifs avait été, comme on pouvait s'y attendre, la guerre du Liban. Selon les comptes rendus qu'on a pu lire dans la presse internationale, la question la plus longuement et passionnément discutée a été de savoir si la déploration des victimes de ce conflit devait inclure ou non les morts israéliens. Le Canada, sans doute poussé par les Etats-Unis, demandait en effet à ce qu'ils soient également déplorés, tandis que l'Egypte s'y opposait. On reconnaît là le type de débat qui passionne tous les diplomates du monde ; en revanche, son rapport avec la thématique du Sommet apparaît pour le moins ténu.

Qu'est-ce donc que la Francophonie ?

A huit années-lumière de l'espace francophone, on ne peut que se demander ce qu'est la Francophonie et, en somme, comment et pourquoi cette institution a parcouru, de Niamey à Bucarest, le chemin dont je viens de mentionner les étapes majeures.

De l'UNESCO à l'ONU

Pour être rapide et par là inévitablement un peu schématique, on pourrait dire que la Francophonie multilatérale qui était, au départ, à Niamey, en 1970, une sorte d'UNESCO des Etats francophones et de leurs anciennes colonies, françaises et belges, regroupant une vingtaine de membres, est devenue, en triplant le nombre des pays-membres (68 en mars 2007) une sorte de sous-ONU, rassemblant un petit tiers des Etats du monde dans un conglomérat de pays, dont la cohérence réelle apparaît de plus en plus incertaine.

Si, à Niamey, on voyait bien ce qui pouvait rassembler les membres de cette Agence de coopération culturelle et technique, dont certains rêvaient de faire un « Commonwealth à la française », on se demande aujourd'hui pour quelles raisons les Etats qui sollicitent une place dans la Francophonie entreprennent semblable démarche.

Même si la Francophonie peut faire penser, à certains égards et pour certaines questions, à ce que fut autrefois le mouvement des pays non alignés, on ne peut guère pousser très loin la comparaison. Certes, Jacques Chirac, en 1995-1997, a incité Boutros Boutros Ghali à présenter à nouveau sa candidature au Secrétariat général de l'ONU, alors que tout le monde savait, lui compris, que les Etats-Unis voulaient se débarrasser de lui et que ses chances contre Kofi Annan étaient nulles. L'idée de Chirac était d'attirer, comme Secrétaire général de la Francophonie, un homme dont le prestige international était incontestable, même s'il avait déjà fait son temps. Les termes de l'accord étaient clairs. Boutros Ghali, après son baroud d'honneur contre les Etats-Unis à l'ONU, serait « récupéré » sur le poste glorieux, aux yeux des francophones du moins, de Secrétaire général de la Francophonie. La France mit donc tout son poids à Hanoï, en 1997, afin de faire choisir pour cette fonction l'ex-Secrétaire général de l'ONU, en dépit des réticences des Etats africains. Ce point acquis, la France se fit, en revanche, un peu tirer l'oreille pour assurer à Boutros Ghali, au moins en partie, les avantages mirifiques dont on lui avait dit qu'ils seraient attachés à sa nouvelle fonction (du jet privé à l'hôtel particulier parisien). Entre diplomates, on transigea, pour finir, de part et d'autre.

Vue de Sirius, la situation était toutefois assez étrange, puisque Boutros Ghali était à la tête d'une Organisation Internationale de la Francophonie qui n'existait pas dans les faits et, moins encore, dans les textes. Toute son activité et tout son talent furent donc employés, des années durant, à faire croire que l'OIF avait une existence juridique et légale réelle, alors que, non seulement cette instance ne figurait pas dans la Charte de la Francophonie de 1997, mais que, quoique basée à Paris, l'OIF n'avait évidemment pas d'accord de siège avec la France. Sur ce dernier point, on attendit des années avant de bricoler le vieil accord conclu pour l'ACCT (il avait été signé par Maurice Schuman, alors ministre des Affaires étrangères !). La chose fut faite de façon si improvisée et maladroite qu'on oublia même, dans certains articles, de remplacer ACCT par OIF ! Néanmoins, par une application un peu particulière du principe darwinien bien connu, la fonction de Secrétaire général finit par créer l'organe, l'OIF. Certes, il fallut près de dix ans pour y parvenir, mais qu'est-ce qu'une décennie à l'échelle de l'évolution humaine ? Cette fois, à Madagascar en novembre 2005, on prit soin d'inscrire tout cela dans le marbre, toujours très provisoire, de la Francophonie institutionnelle.

Le triplement, en une quarantaine d'années, du nombre des Etats membres mérite plus d'attention que le bizarre intitulé « Etats et gouvernements » dont il faut bien dire deux mots. L'évocation des conditions de la création de l'ACCT à Niamey a déjà fait apparaître que le problème venait naturellement, à cette époque, du Québec. Le Canada souhaitait limiter sa place et son rôle, sans toutefois pouvoir refuser totalement sa présence ; toutefois elle ne pouvait être celle d'un Etat, puisqu'il n'était qu'une Province du Canada. On s'en tira donc par une procédure verbale, comme lors de la création de l'Association des Universités Entièrement ou Partiellement de Langue Française, l'AUPELF. L'usage du « partiellement », proposé par le recteur marocain Mohammed El Fasi, avait permis, en la circonstance, l'admission dans l'association d'établissements où la francophonie était présente à doses quasi homéopathiques. A Niamey, l'adjonction du mot « gouvernement » permit d'admettre le Québec. Sur ce point, en principe, dans les instances, la désignation du Québec demeure toujours « Canada-Québec » et, dans les réunions formelles, les délégués du Canada-Québec siègent un peu en retrait de la délégation canadienne. Les admissions ultérieures, dans la Francophonie, du Nouveau-Brunswick (en fait, « Canada Nouveau-Brunswick ») en 1977, puis en 1980, de la Communauté Française de Belgique (la Belgique faisait partie de l'ACCT dès l'origine) ont permis de gommer le caractère, au départ un peu exceptionnel et insolite, de la présence québécoise et de pourvoir légitimement d'un -s final le mot « gouvernements ».

Pourquoi un Etat demande-t-il à entrer dans la Francophonie ?

Le problème des causes effectives de la multiplication des demandes d'adhésion à la Francophonie demeure entier, même s'il est clair que pour des entités politiques non étatiques comme le Québec, la Communauté française de Belgique et le Nouveau-Brunswick, la recherche d'une forme de reconnaissance internationale a été, on vient de le voir, la motivation principale.

Si l'on fait un survol rapide des nouvelles adhésions depuis Niamey, on constate à la fois que les demandes sont de plus en plus nombreuses, mais aussi de plus en plus diverses et de moins en moins justifiées sur le plan linguistique et culturel, qui a tout de même été essentiel à l'origine et le demeure, au moins dans le discours officiel. Il ne saurait être question ici d'entreprendre une revue de détail et je me bornerai à quelques cas exemplaires ou typiques. On peut avancer, et la suite le confirmera, que les motivations de la plupart des Etats sont d'ordre politique ou, à un degré moindre, économique.

Le Viêt-Nam est un cas qu'on pourrait qualifier d'amusant. En effet, le Viêt-Nam du Sud était membre de l'ACCT dès 1970. Après la victoire du Nord et la réunification des deux entités, le nouveau gouvernement vietnamien ne se préoccupe guère, on l'imagine, de la Francophonie. Toutefois, un peu plus tard, quand il envahit le Cambodge et se trouve, de ce fait, frappé par une réprobation mondiale quasi unanime, le Viêt-Nam ne juge pas mauvais de pouvoir reparaître sur une scène internationale, fût-elle aussi modeste que celle qu'offre la Francophonie. Il n'a même pas alors à solliciter une adhésion, qu'on pourrait lui refuser, puisque le Viêt-Nam du Sud était déjà membre de l'ACCT. Il lui suffit donc d'y reprendre sa place, comme si rien ne s'était passé. Joli coup diplomatique.

Le cas de l'Egypte, un peu voisin, est toutefois différent. Les accords égypto-israéliens de Camp-David, en 1979, entraînent la mise au ban de l'Egypte par le monde arabe; elle est alors exclue de toutes les instances panarabes et on déplace du Caire à Tunis le siège de la Ligue arabe. Boutros Ghali, Egyptien copte de culture française, a l'idée ingénieuse de proposer l'adhésion de l'Egypte à la Francophonie. Elle y est admise en 1983 et le pays retrouve par là une certaine audience internationale. Cette stratégie sera en retour, pour son initiateur, un appui non négligeable, quelques années plus tard, lors de sa candidature au secrétariat général des Nations Unies, en 1992. Encore un joli coup, double cette fois.

L'appartenance à la Francophonie et, inversement, la menace d'en sortir (brandie par le Zaïre à Hanoï en 1997 par exemple) sont des cartes politiques qu'un Etat joue, ici ou là, en fonction des circonstances. Les gains sont modestes, mais souvent immédiats; en revanche, les obligations qu'imposent, en principe, les textes, ne sont guère respectées, qu'elles concernent l'enseignement du français ou la langue de communication officielle dans les instances internationales, quand la langue du pays n'est pas langue officielle de l'institution concernée. Dans quelques cas extrêmes, on peut même quitter la Francophonie, souvent en fonction de nouvelles orientations politiques, pour y revenir quelques années plus tard, suite à un nouveau changement de cap, sans que nul ne semble s'en étonner et moins encore s'y opposer. Ce fut le cas de Madagascar et du Cambodge ; membres de l'ACCT dès l'origine, ils quittent l'organisation quand ils jugent sa couleur « néocoloniale » insupportable. Ils y reviennent toutefois sans problèmes un peu plus tard, Madagascar en 1989, le Cambodge en 1993.

Le cas des anciennes colonies portugaises (Guinée-Bissau, Cap-Vert, Sao-Tomé et Principe et Mozambique) ou espagnole (Guinée Equatoriale) est différent. Les anciennes colonies portugaises, qui n'accèdent à l'indépendance qu'en 1975, à la suite de guerres coloniales, auxquelles la fin du régime salazariste met un terme, rejoignent la Francophonie en ordre dispersé. La Guinée-Bissau le fait très vite, dès 1979 ; le Cap-Vert bien plus tard, en 1996 ; le Mozambique tout récemment, en 2006, comme « observateur ». La question est trop complexe pour être traitée ici ; je me bornerai à dire que se mêlent ici des considérations économiques (ces Etats, sauf le Mozambique, sont insérés dans l'espace économique afro-francophone) et des facteurs de politique intérieure. Durant la période de guerre coloniale avec les Portugais, beaucoup d'opposants ont, en effet, trouvé refuge dans des Etats francophones, ce qui a naturellement créé des liens personnels avec la Francophonie chez des hommes politiques nationaux, que l'indépendance amène souvent au pouvoir. En revanche, en dépit du discours officiel lénifiant sur la coopération idéale entre francophonie, lusophonie et hispanophonie, ces coopérations s'affrontent très souvent sur le terrain. J'ai traité de ce problème ailleurs et je ne puis l'aborder ici, sauf pour signaler qu'il est un des éléments d'explication de ces évolutions (Chaudenson 2000 : 93-95).

Le gros des nouvelles entrées vient en fait d'Etats européens, puisque, à des titres divers (membres ou observateurs), on ne compte pas moins de 20 adhésions européennes depuis celles de la Bulgarie et de la Roumanie en 1993. Cet afflux, soudain et récent, force l'attention. Si on laisse de côté l'entrée de la Suisse en 1996 (toujours la prudence helvétique !) et celle d'Andorre en 2006 (un peu folklorique), la quasi-totalité des demandes émane de Pays de l'Europe Centrale et Orientale (les PECO dans le jargon actuel). La Grèce mise à part (son adhésion doit être le résultat de l'activité diplomatique intense de Bruno Delaye, ancien Directeur de la DGCID (Direction Générale de la Coopération Internationale et du Développement) du Ministère français des Affaires étrangères, devenu ambassadeur de France à Athènes), tous ces Etats ont clairement vu ou voient dans leur adhésion à la Francophonie un moyen de conforter ou de faciliter leur entrée ou leur candidature à l'admission dans l'Union Européenne. Le calcul n'est pas mauvais, comme on a pu le constater dans quelques circonstances, mais, pour la Francophonie elle-même, le bénéfice risque de demeurer bien mince, même si une dizaine d'Etats de l'UE sont désormais membres de l'OIF.

Cette apparente montée en puissance de la Francophonie institutionnelle a toutefois, sur le plan de son fonctionnement, des effets qui donnent matière à penser, surtout du point de vue de Sirius. La Francophonie n'est-elle pas menacée du mal dans lequel Thucydide voyait la cause majeure de la ruine des empires et qu'il nommait la « pléonexia » ? Qu'il s'agisse de l'antiquité ou pour des cas plus récents, des Empires ottoman ou austro-hongrois, on peut, en effet, penser que le grand historien grec faisait une analyse pertinente, en considérant que la chute de ces grands empires était due, moins à l'action de leurs ennemis qu'à l'impossibilité de gérer, de façon adaptée et efficace, des ensembles si vastes et si disparates qu'ils finissent par s'écrouler sous leur propre poids ?

La menace est sans doute plus grave encore dans le cas d'une structure intergouvernementale comme la Francophonie, ou, pire encore, quasi fédérale, comme l'Union Européenne où le plus minuscule des Etats (Chypre, Malte ou le Luxembourg) peut bloquer par son veto le fonctionnement de tout le système. La France, qui est, de très loin, le principal des bailleurs de fonds de la Francophonie n'a même pas le poids que donne tout naturellement cette situation, dans d'autres instances. Durant les dernières décennies en particulier, on a pu voir bien des cas où se trouvaient en discordance, parfois légères, quelquefois plus graves, les politiques française et francophone. Ce fut le cas à l'époque où Jean-Louis Roy, qui avait été élu Secrétaire général de l'ACCT sans l'aval français (mais est-il indispensable dans une instance intergouvernementale ?), entra en conflit avec Michel Guillou, Recteur auto-proclamé de l'AUPELF-UREF, que la France socialiste semblait soutenir, contre toute attente. L'hostilité de la France, lors du renouvellement du mandat de Roy, à Bamako, pourtant ostensiblement marquée par le ministre français Jacques Toubon, n'empêcha pas sa réélection par acclamations. L'accession de Boutros Ghali au Secrétariat général de la Francophonie n'alla pas sans mal, on l'a vu, en dépit des pressions françaises ; il fallut tout le poids de Jacques Chirac en faveur de son candidat pour vaincre les réticences des Africains, d'ailleurs ostensiblement marquées par l'absence de leur représentant lors de la séance de clôture.

La déclaration de Bucarest est un diptyque hautement significatif :

La première partie, clairement rédigée avant le Sommet lui-même, qui, dans les séances, n'a fait qu'une place des plus réduites à ces sujets, selon les observateurs et les participants, est consacrée, sur le thème officiel de l'éducation, à un simple catalogue d'objectifs, déjà définis dix fois, en particulier dans les forums mondiaux, de Jomtien (1990) à Dakar (2000).

La seconde partie passe en revue une bonne douzaine de problèmes liés à des troubles militaires et/ou politiques ; elle s'ouvre sur le Liban pour se conclure par les questions du Darfour et des territoires palestiniens, ce qui peut paraître un peu étrange mais se justifie sans doute aux yeux des diplomates par le fait que le Darfour comme « le territoire palestinien occupé » (c'est le titre choisi) ne font pas partie de la Francophonie. Entre les deux, est proposé le long catalogue de situations évoquées sous le titre général de « *Foyers de crise et sorties de crises* » ; même si les secondes sont un peu plus porteuses d'espoir que les premiers, ce sont successivement, outre les points déjà cités, la Côte d'Ivoire, la RDC, Haïti, la Mauritanie, le Togo, la RCA, le Tchad, le Burundi, les Comores et le Cameroun. La Francophonie politique a donc, comme on le voit, du pain sur la planche, mais a-t-elle les moyens de ses ambitions ?

Et la francophonie linguistique dans tout cela ?

On aura peut-être constaté que, selon une habitude assez courante désormais, j'ai distingué la Francophonie institutionnelle et géopolitique (avec une majuscule) de la francophonie (avec minuscule) qui désigne l'ensemble des locuteurs du français dans le monde.

Le paradoxe est que si, comme on vient de voir, la Francophonie s'est beaucoup étendue depuis 1970, cette extension géopolitique n'a pu se faire qu'au détriment de la francophonie linguistique. En effet, les nouveaux Etats ont, pour la plupart, des pourcentages de locuteurs francophones de plus en plus réduits.

Deux Etats à forts pourcentages de francophones qui ne font pas partie de la Francophonie constituent des exceptions.

La première est Israël, où le nombre des francophones réels, souvent avec le français pour langue première, approche 10% de la population totale, en particulier suite aux immigrations de Juifs du Maghreb. L'opposition du Liban détourne pour le moment cet Etat de faire acte de candidature devant la certitude d'un veto libanais.

Le second cas est l'Algérie qui est probablement l'Etat où, hors OIF, se trouve le plus grand nombre de francophones réels. Ces dernières années, le président Bouteflika a accompli un certain nombre de gestes, d'abord en prenant part en 2000 au Sommet franco-africain de Yaoundé, puis surtout en participant comme « invité spécial » au Sommet de Beyrouth en 2002. Il a justifié, en la circonstance, sa présence en déclarant « l'arabité algérienne suffisamment affirmée » pour qu'il puisse faire cette démarche, soulignant au passage que « l'usage du français » permettait à la jeunesse de l'Algérie « d'élargir son horizon » et de « participer à la modernité ». Si l'on prend en compte que des universités algériennes font partie de l'Agence Universitaire de la Francophonie, on peut penser qu'une évolution est engagée vers une adhésion de l'Algérie à l'OIF. Il est toutefois évident que le président Bouteflika est quelque peu pris, dans cette affaire, entre les exigences contradictoires de ses politiques intérieure et extérieure, ce qui le conduit à souffler tour à tour le chaud et le froid.

Même si les chiffres officiels de l'OIF semblent à nouveau excessifs (il y aurait dans le monde 200 millions de locuteurs du français en 2007), ce point est mineur. Nous-autres habitants de Sirius sommes trop raisonnables pour envisager de compter les locuteurs d'une langue, le français ou n'importe quelle autre des 6.000 qu'on trouve sur votre planète, sans avoir préalablement défini à partir de quel niveau de compétence on peut regarder quelqu'un comme locuteur réel de cet idiome. Le Figaro de Beaumarchais prétendait que si l'on savait dire et opportunément placer « Godam », on savait le fond de la langue anglaise. Est-on francophone dès que l'on sait dire « Bonjour, ça va ? » ?

Quoique j'aie joué un rôle modeste dans la révision que feu le HCF a faite de ses catégories (en renonçant, en particulier, à la notion absurde de « francophone occasionnel » qui ne fait nulle référence à la compétence linguistique), je persiste à juger préférable le classement de la « francofaune » que j'ai proposé en 1989. Il inclut trois catégories dont les dénominations me semblent à la fois claires et réalistes : les « francophones », les « francophonoïdes » et les « franco-aphones » (Chaudenson 1989 : 42).

Le rapide historique de la Francophonie que j'ai esquissé dans la première partie de mon propos suffit à montrer que l'accroissement géopolitique de la Francophonie ne peut s'accompagner, au plan linguistique, que d'une très sensible réduction de la francophonie linguistique au sein du nouvel ensemble. On passe de Niamey à Bucarest de 21 membres (dont la plupart sont d'anciennes colonies françaises ou belges) à 68. Il suffit de rappeler qu'à Bucarest ont été admis comme membres de plein droit l'Albanie, Andorre, la Macédoine et la Grèce et que sont intégrés comme observateurs le Mozambique, la Serbie et l'Ukraine. On ne peut contester que la majorité des 77.149 Andorrans et Andorranes sont francophones, mais, en termes de pourcentage dans l'ensemble francophone, force est de reconnaître que cela ne représente pas grand chose. La plupart des nouveaux membres, depuis Niamey, ont donc été des Etats où la francophonie linguistique réelle est très faible, voire quasi nulle, qu'il s'agisse d'anciennes colonies britanniques comme Sainte-Lucie ou la Dominique, d'anciennes colonies portugaises comme le Cap-Vert, la Guinée-Bissau ou le Mozambique, d'une ancienne colonie espagnole comme la Guinée Equatoriale ou, plus récemment, des pays de l'Europe centrale et orientale. Le pourcentage de francophones réels dans la population totale de la Francophonie géopolitique a donc, inévitablement et mécaniquement, baissé de façon vertigineuse.

Ce constat est indiscutable, mais il ne prend toute sa gravité que dans la mesure où, en dépit des nombreuses déclarations de la France comme de la Francophonie, en faveur de la diffusion du français dans le monde, l'actualité et l'horizon sont des plus sombres.

D'abord dans l'espace francophone traditionnel du Sud qui est, de toute évidence, la plus grande « réserve » de francophonie potentielle et où réside donc l'avenir du français dans le monde. L'école qui a, *de facto*, le quasi-monopole de la diffusion de la langue française, s'y trouve dans un état de très grave crise, quand elle a encore un semblant d'existence. Les écoles manquent de tout (je ne parle pas seulement des livres, mais même de l'eau et de toute installation sanitaire), les classes sont surchargées, la double voire la triple vacation y sont en usage, les maîtres, recrutés à des niveaux de plus en plus faibles, ont des rémunérations misérables qu'ils ne perçoivent même pas toujours. Peut-on sérieusement espérer voir l'école diffuser la langue française dans de pareilles conditions ? Si l'on ajoute que l'absence même d'éducation rend vaines toutes les tentatives pour limiter les naissances dans des pays où les femmes ont en moyenne 6 ou 7 enfants, comment peut-on espérer la généralisation de l'enseignement de base qu'on promet depuis des décennies ?

Hors de cet espace, comment peut-on espérer diffuser le français, par les voies classiques de la coopération bilatérale et/ou de l'appui à l'enseignement national, en Egypte (65 millions d'habitants), au Viêt-Nam (80 millions) ou en Pologne (40 millions), sans parler, hors Francophonie, de la Chine ou de l'Inde qui sont les géants économiques de demain ?

Il est pourtant clair que la seule façon de répondre, d'un seul mouvement et par un outil universel, réside dans la conception d'un système audio-visuel de diffusion de la langue française qui, par un ensemble complet de productions fictionnelles, fondées sur des stratégies sous-jacentes de didactique linguistique, mais adaptées à tous les âges et à tous les publics, pourra servir de préalable, de complément ou de substitut aux divers canaux de diffusion qu'il ne s'agit nullement de faire totalement disparaître. Je ne puis sur ce point que renvoyer aux multiples présentations que j'ai faites d'un tel projet, sans jamais rencontrer la moindre contradiction, tant ce choix est à la fois inévitable et incontestable, mais sans me voir accorder non plus autre chose qu'une indifférence polie.

Il n'y a pas, en effet, le moindre argument contre cette proposition. L'objection la plus souvent avancée est celle du coût d'un tel dispositif ; c'est aussi la plus stupide car on sait, depuis un demi-siècle, que ce type de diffusion est, de très loin, le moins coûteux en terme d'analyse coûts-bénéfices, dans ce cas tout particulièrement, puisque les fictions audiovisuelles sont, en quelque sorte, « inusables », comme nous le montrent, quotidiennement, nos télévisions qui nous rediffusent, à l'envi, depuis cinquante ans, les mêmes séries télévisuelles dont le public ne se lasse jamais.

Conclusion : Et la Journée de la Francophonie dans tout cela ?

La Journée Internationale de la Francophonie, le 20 mars 2007, a illustré, en un sens, par sa devise « Vivre ensemble, différents », la diversité des points de vue qui se traduira sans doute aussi dans ce Colloque. Toutefois, cette Journée a surtout été l'occasion de manifester le triomphalisme habituel. Les résultats 2007 n'étant pas encore connus, on nous a fait savoir que cette même Journée avait été marquée, en 2006, par 1264 « événements » dans 113 pays et que la langue française a 200 millions de locuteurs dans le monde.

Ces quelques éléments soulignent, s'il en est besoin, que nous ne sommes pas sortis de l'usage de la méthode Coué. Tout indique pourtant que la constante pratique de l'auto-suggestion et de l'auto-satisfaction n'est pas la voie la plus directe vers des actions concrètes, adaptées et efficaces.

Peu importe le nombre des francophones dans le monde. N'y revenons pas. La seule chose sûre est qu'il n'y en pas 200 millions ; or, en matière de politique linguistique, à la différence de ce qui se passe pour la géométrie, on ne peut jamais raisonner et moins encore agir « juste sur des figures fausses » !

La Francophonie a renoncé à n'être qu'un UNESCO des pays qui ont « le français en partage » et elle ambitionne clairement désormais d'être un mini-ONU dont les visées dépassent les limites territoriales des espaces géographiques qui la composent, comme le montre clairement la Déclaration de Budapest. La structure multilatérale ne facilite pas les décisions fortes sur les sujets graves et surtout la Francophonie a-t-elle réellement les moyens de ses ambitions ?

Références

Abou, Sélim et Katia Haddad (éds.) 1997. *La diversité linguistique et culturelle et les enjeux du développement*, Beyrouth, Université Saint-Joseph, AUPELF-UREF.

Chaudenson, Robert 1989. *1889. Vers une révolution francophone*, Paris, L'Harmattan.

Chaudenson, Robert 1991. *La Francophonie : représentations, réalités, perspectives*, Paris, Didier Erudition.

Chaudenson, Robert 1996. « La politique francophone : y-a-t-il un pilote dans l'avion? », *in* M. Gontard et M. Bray (éds.), *Regards sur la francophonie*, Pluriel 6, Presses Universitaires de Rennes, 39-51.

Chaudenson, Robert (dir.) 1997a. *L'évaluation des compétences linguistiques en français. Le test d'Abidjan*, Paris, Didier Erudition.

Chaudenson, Robert 1997b. « Diffusion du français et gestion du multilinguisme dans l'espace francophone du Sud », *in* Abou et Haddad (éds.), 307-324.

Chaudenson, Robert 1999. « Francopolyphonie et francocacophonie : problématique de la coexistence des langues », *in* Christiane Santodomingo et Pierre Dumont (éds.), *La coexistence des langues dans l'espace francophone, approche macrosociolinguistique*, AUPELF-UREF, 189-197.

Chaudenson, Robert 2000. *Mondialisation. La langue française a-t-elle encore un avenir ?*, Paris, L'Harmattan.

Chaudenson, Robert 2004a. « Le français en questions : l'Afrique ? », *in La bataille pour le français*, Paris, ADPF, MAE, 44-51.

Chaudenson, Robert 2004b. « Le cas de la galaxie francophone », *in* « Astres et désastres », *Ponti/Ponts* (Milan), No. 4, 57-69.

Chaudenson, Robert 2006. *Vers une autre idée et pour une autre politique de la langue française*, Paris, L'Harmattan.

Chaudenson, Robert, Raymond Mougeon et Edouard Beniak 1993. *Vers une étude panlectale de la variation du français*, Paris, Didier Erudition.

Chaudenson, Robert et Louis-Jean Calvet 2001. *Les langues dans l'espace francophone : de la coexistence au partenariat*, Paris, L'Harmattan.

Chaudenson, Robert et Dorothée Rakotomalala (éds.) 2004. *Situations linguistiques de la Francophonie, Etat des lieux*, Montréal, AUF.

Vershave, François-Xavier 1998. *La Françafrique*, Paris, Stock.

Situations des littératures francophones : à propos de quelques dénominations

Lise Gauvin

Université de Montréal

Les littératures francophones ont la particularité de se situer dans une zone limitrophe par rapport à l'institution littéraire française. Elles ont été désignées tour à tour de littérature régionale, périphérique ou mineure. Mais le concept de littérature mineure, au sens que Deleuze et Guattari lui ont donné, est un curieux amalgame de diverses réflexions de Kafka concernant les littératures alors en émergence et sa propre situation comme écrivain juif vivant à Prague et écrivant en allemand. Je me propose de reprendre ici cette notion – que j'ai déjà eu l'occasion d'aborder dans le cadre du colloque de Liège consacré aux littératures mineures[2] – , ainsi que celle de petite littérature mise en avant par Kafka et ensuite par Kundera, notion à laquelle il me semble nécessaire d'ajouter celle de littérature minoritaire de façon à mettre en évidence certains points communs mais aussi certaines disparités dans ce vaste ensemble un peu flou que l'on a pris l'habitude de nommer « les littératures francophones ».

---

[2] Cf. Lise Gauvin, « Autour du concept de littérature mineure : variations sur un thème majeur », *in* Bertrand et Gauvin (dirs.), *Littératures mineures en langue majeure : Québec/Wallonie-Bruxelles*, Bruxelles et Montréal, P.I.E. Peter Lang et Presses de l'Université de Montréal, 2003, p. 19-40. Les considérations qui suivent reprennent et poursuivent la réflexion sur ce sujet ainsi que les communications données à l'Université de Moncton dans le cadre de la Biennale de la langue française en Amérique et à Genève dans le cadre d'un colloque sur la francophonie.

Qu'ont en partage les littératures québécoise, antillaise, belge francophone, luxembourgeoise ou franco-colombienne sinon le fait d'être écrites en français dans des contextes où cette même langue se trouve en relation concurrentielle, voire parfois conflictuelle, avec d'autres langues. Ce qui entraîne chez ces écrivains se situant « à la croisée des langues » une sensibilité particulière à la problématique langagière, soit une *surconscience linguistique* qui fait de la langue un lieu de réflexion privilégié, un espace de fiction voire de friction. La notion de surconscience renvoie à ce que cette situation dans la langue peut avoir à la fois d'exacerbé et de fécond. Ce que Gaston Miron avait un jour résumé dans une admirable formule : « Parfois je m'invente, tel un naufragé, dans toute l'étendue de ma langue »[3]. Cette surconscience recouvre aussi bien un sentiment de la langue, une pensée de la langue qu'un imaginaire de la/des langues. Je ne développerai pas davantage ici cette notion que j'ai eu l'occasion de déployer dans des travaux antérieurs, préférant m'en tenir aux différents statuts institutionnels occupés par les littératures francophones.

On sait que le statut de la langue française varie selon qu'elle est langue maternelle, langue officielle, langue d'usage, langue de culture et selon qu'elle est parlée par une majorité ou une minorité de locuteurs. Cette disparité de statuts se répercute, au plan des structures, par la constitution de corpus littéraires qu'on peut regrouper sous le nom de littératures en émergence mais dont la portée varie en fonction du groupe ou de la communauté auxquelles ces littératures s'identifient. Dans l'espace francophone, les sentiments d'appartenance – ou de non-appartenance – à un ensemble donné sont autant de variables qu'il est nécessaire d'interroger si l'on veut comprendre le fonctionnement du littéraire dans une perspective pragmatique, soit celle qui met en relation la production des textes et le contexte de leur réception.

Littératures périphériques, régionales, mineures, petites littératures : il semble qu'on ait du mal à désigner ces littératures. Mais toujours se pose, dans ces dénominations, la question du comparant et du comparé, ou, si l'on préfère, la question de l'échelle, du kilomètre zéro, du point de vue adopté.

Petites littératures

Interrogeons d'abord la notion de « petite littérature » et voyons dans quelle mesure on peut l'appliquer aux littératures francophones. Pour mieux comprendre le sens de cette notion, il est nécessaire de revenir au *Journal* de

---

[3] Gaston Miron, « Malmener la langue » *in* Lise Gauvin (dir.), *L'Écrivain francophone à la croisée des langues,* Paris, Karthala, 1997, p. 57.

Kafka, qui définit ainsi les littératures juives de Varsovie ou tchèque de Prague dans un texte daté du 25 décembre 1911. Kafka voit en effet « beaucoup d'avantages du travail littéraire » dans le contexte des « petites littératures ». Avantages qu'il énumère comme suit : « le mouvement des esprits ; une solidarité qui se développe de façon suivie au sein de la conscience nationale », « la fierté et le soutien qu'une littérature procure à une nation vis-à-vis d'elle-même et vis-à-vis du monde hostile qui l'entoure ; ce journal tenu par une nation, journal qui est tout autre chose qu'une historiographie... ». Et enfin : « les exigences de la littérature quant à l'attention qu'on lui doit en deviennent plus impérieuses »[4].

À ces considérations s'en ajoutent d'autres concernant le manque de « modèles nationaux irrésistibles », la mémoire et enfin « l'exiguïté de l'espace ». Kafka ajoute: « Ce qui, au sein des grandes littératures, se joue en bas et constitue une cave non indispensable de l'édifice, se passe ici en pleine lumière ; ce qui, là-bas, provoque un attroupement passager, n'entraîne rien de moins ici qu'un arrêt de vie ou de mort. » Ce qui amène l'écrivain à conclure : « Il est difficile de changer d'avis quand on a senti dans tous ses membres cette vie utile et joyeuse...»[5].

Il s'agit donc, dans l'esprit de Kafka, des littératures juives de Varsovie, écrites en langues yiddish, et de la littérature de Prague écrite en tchèque. Ce qui est désigné par « petites littératures » correspond aussi à des littératures écrites en de « petites langues » bien que Kafka ne mentionne jamais l'expression et se contente de parler de « petits thèmes » et de « petites nations ». Kafka se garde bien en effet de hiérarchiser les langues. Il y a chez cet auteur un appui non équivoque aux littératures alors en émergence, à cause notamment du sentiment d'appartenance qui s'y exprime. Comme le constate Pascale Casanova, il « compare le prestige de la littérature allemande à la vitalité et à l'enthousiasme d'une littérature nationale naissante[6] ».

La notion kafkaïenne de petite littérature est tout juste esquissée. Son prolongement le plus direct se retrouve sous la plume d'un écrivain d'origine tchèque, Kundera qui, dans *Les Testaments trahis*, décrit « les petites nations » en ces termes : « Ce concept n'est pas quantitatif ; il désigne une situation ; un destin : les petites nations ne connaissant pas la sensation heureuse d'être là depuis toujours ; confrontées à l'arrogante ignorance des grands, elles voient leur existence perpétuellement menacée ou mise en

---

[4] Frantz Kafka, *Journaux. Œuvres complètes*, t. III, 1984, Paris, Gallimard (« Bibliothèque de la Pléiade »), p. 194-197.
[5] *Ibid.*, p. 197-198.
[6] Pascale Casanova, *La République mondiale des lettres*, Paris, Seuil, 1999, p. 243.

question ; car leur existence même est question.»[7]. Des petites littératures aux petites nations, le glissement a toutefois son importance. Les considérations de Kundera s'appliquent à la littérature tchèque et aux petites littératures nationales, mais ne pourraient s'appliquer à la littérature des minorités juives de Varsovie ou de Prague.

Ces petites nations, toujours selon Kundera, donnent naissance à un art « handicapé » parce que peu connu ou alors mal connu, ramené sans cesse à une dimension nationale dont il n'a souvent que faire : « [...] cet art est handicapé parce que tout le monde (la critique, l'historiographie, les compatriotes comme les étrangers) le colle sur la grande photo de famille nationale et ne le laisse pas sortir de là »[8]. Et Kundera de citer l'exemple de Gombrowicz que l'on « polonise « et «repolonise». On croirait presque entendre le Québécois Jacques Godbout qui, dans les années 1970, réclamait le droit de quitter le mur des lamentations national et, en corollaire, de cesser d'être perçu comme le porte-parole de la nation. Entre le devoir de fidélité et l'embrigadement obligatoire, la frontière est parfois ténue.

Ainsi le sens communautaire que Kafka percevait comme un avantage des petites littératures peut devenir au plan international une grille de lecture commode et détourner des œuvres dont elles simplifient dangereusement la portée. Il n'est toutefois pas inutile d'insister sur le premier des handicaps énoncés par Kundera et de rappeler que ces mêmes œuvres, non seulement sont mal connues ou mal lues, mais s'élaborent sous la menace constante de l'invisibilité. C'est ce qu'a bien décrit Pascale Casanova :

> Pour accéder à la simple existence littéraire, pour lutter contre cette invisibilité qui les menace d'emblée, les écrivains ont à créer les conditions de leur « apparition », c'est-à-dire de leur visibilité littéraire. La liberté créatrice des écrivains venus de la périphérie du monde ne leur a pas été donnée d'emblée : ils ne l'ont conquise qu'au prix de luttes toujours déniées comme telles au nom de l'universalité littéraire et de l'égalité de tous devant la création, et de l'invention de stratégies complexes qui bouleversent totalement l'univers des possibles littéraires[9].

La littérature des petites nations semble condamnée à un perpétuel balancement entre le peu connu, le mal connu ou le pas connu du tout, ce qui est le plus lourd des handicaps, leur existence même étant question. Rappelons le titre du livre de Patrice Desbiens, *L'Homme invisible/The*

---

[7] Milan Kundera, *Les Testaments trahis*, Paris, Gallimard, 1993, p. 225.
[8] *Ibid.*, p. 227.
[9] Pascale Casanova, *op. cit.*, p. 243.

Invisible Man[10], qui met en évidence la situation de l'écrivain franco-ontarien dont les œuvres risquent de demeurer confidentielles, ignorées en dehors du cercle de son public immédiat.

Les petites littératures, telles que définies par Kafka ou par Kundera, correspondent à ce que Paré a désigné sous le nom de littératures de l'exiguïté, soient ces littératures qui « vacillent entre une gloire un peu surfaite et le désespoir de n'arriver à engendrer que de l'indifférence » [11]. On rejoint ainsi Kafka qui, dans sa description des littératures naissantes, parlait de l'exiguïté de l'espace, ce qui se traduit dans les faits par une faible diffusion hors de l'enceinte initiale. On pourrait dire de ces littératures qu'elles voyagent peu, que leur importance à l'échelle mondiale est inversement proportionnelle à leur impact dans leur société d'origine. Dans la mesure où elles ont développé leurs propres instances de consécration et de légitimation, ces littératures existent pour une communauté de lecteurs et bénéficient d'une attention particulière de la critique tout en assurant un commerce de librairie prospère, si l'on en croit Kafka...

La notion de petite littérature peut s'appliquer à quelques littératures francophones, au premier rang desquelles se trouve la québécoise, qui a développé au cours des dernières décennies l'éventail des ressources nécessaires pour s'assurer une enviable autonomie institutionnelle. On pourrait toutefois longuement épiloguer sur les avantages et désavantages de ces littératures, sur les malentendus qu'elles génèrent et notamment celui d'être l'objet de lectures globalisantes, exotisantes ou réductrices de la part des lecteurs étrangers. L'écrivain d'une petite littérature ne devient-il pas toujours malgré lui, dès qu'il quitte son lieu d'origine, le porte-parole de sa collectivité ? Quand il n'en est pas aussi l'otage dans son propre espace national.

Littératures mineures

Voyons maintenant un deuxième texte important de Kafka, celui de la lettre à Max Brod, datée de juin 1921, qui concerne sa propre situation d'écrivain juif de langue allemande, dans lequel il dit éprouver comme son compatriote Karl Kraus le sentiment d'être devant un « bien étranger qu'on n'a pas acquis ». Parlant de la souffrance de ceux qui, comme lui, « commencèrent à écrire en allemand », Kafka poursuit :

> Ils vivaient entre trois impossibilités (que je nomme par hasard
> des impossibilités de langage, c'est le plus simple, mais on

---

[10] Sudbury, Éditions Prise de parole, 1981.
[11] François Paré, *Les littératures de l'exiguïté*, Hearst, Le Nordir, 1992.

pourrait aussi les appeler tout autrement) : l'impossibilité de ne pas écrire, l'impossibilité d'écrire en allemand, l'impossibilité d'écrire autrement, à quoi on pourrait presque ajouter une quatrième impossibilité, l'impossibilité d'écrire ; [...] c'était donc une littérature impossible de tous côtés, une littérature de tziganes qui avaient volé l'enfant allemand au berceau et l'avaient en grande hâte apprêté d'une manière ou d'une autre, parce qu'il faut bien que quelqu'un danse sur la corde (mais ce n'était même pas l'enfant allemand, ce n'était rien, on disait simplement que quelqu'un danse)[12].

Ce sont ces textes qui ont été détournés d'abord par leurs traductions, – la traduction de Marthe Robert fait encore autorité[13] –, puis par l'interprétation qu'en ont donnée Deleuze et Guattari. Ces derniers, dans leur ouvrage sur Kafka, opèrent une fusion des deux passages du journal, l'un sur la littérature, l'autre sur la langue et, ce faisant, forment un beau contre-sens ou, si l'on préfère, inventent le concept de " littérature mineure " qui n'existe pas chez Kafka. Je rappelle ce célèbre passage : « Une littérature mineure n'est pas celle d'une langue mineure, plutôt celle qu'une minorité fait dans une langue majeure. Mais le premier caractère est de toute façon que la langue y est affectée d'un fort coefficient de déterritorialisation »[14].

Des trois caractéristiques données par Deleuze et Guattari à la littérature mineure, soit la déterritorialisation de la langue, le branchement de l'individuel sur l'immédiat-politique, l'agencement collectif d'énonciation, deux seulement sont attribuables aux petites littératures, telles que décrites par Kafka. La troisième est une extrapolation de la situation de Kafka lui-même, situation qui l'oblige à travailler la langue allemande d'une certaine façon, et à choisir entre les deux manières possibles : soit " enrichir artificiellement cet allemand, le gonfler de toutes les ressources d'un symbolisme, d'un onirisme, d'un sens ésotérique, d'un signifiant caché ", soit " opter pour la langue de Prague telle qu'elle est, dans sa pauvreté même ", ce qui l'amène, toujours selon Deleuze et Guattari, à pratiquer un usage mineur de la langue allemande, c'est-à-dire à la faire vibrer en intensité[15].

Dans quelle mesure, cette notion deleuzienne de littérature mineure s'applique-t-elle aux littératures francophones ? Dans quelle mesure le

---

[12] Kafka, *op. cit.*, p. 1987-1988.

[13] Elle a été publiée d'abord dans l'édition Grasset des *Journaux* (1954), puis reprise dans l'édition Pléiade.

[14] Gilles Deleuze et Félix Guattari, *Kafka. Pour une littérature mineure*, Paris, Minuit, 1975, p. 33.

[15] *Ibid.*, p. 34.

concept de déterritorialisation de la langue est-il opératoire pour décrire leur fonctionnement ? Dans quelle mesure ces littératures sont-elles encore tributaires d'une dialectique centre-périphérie ? La question est complexe et ne saurait être tranchée rapidement. Je me contenterai donc de rappeler quelques faits, de façon à fournir des pistes de réflexion. En littérature québécoise d'abord, au 19ᵉ siècle, la très fameuse lettre du poète Octave Crémazie (1867), portant sur les conditions d'existence d'une littérature de langue française hors de France, renvoie à un discours qui définit très clairement cette littérature comme une littérature de colonie, donc doublement exilée, à la fois par la langue et par ses lieux de production. Cette littérature déterritorialisée ne peut qu'entretenir le vain espoir de pouvoir enfin attirer l'attention du « vieux monde ». Dans cette première phase de son élaboration, la littérature québécoise se conçoit comme une littérature mineure de langue française. Il faut attendre le milieu du 20ᵉ siècle pour que la perspective se modifie peu à peu.

Les choses se compliquent encore si l'on se tourne du côté des littératures antillaises de la Martinique ou de la Guadeloupe. La notion même de littérature mineure, au sens deleuzien, a été reprise par Césaire pour décrire la situation de la littérature nègre de langue française. Mais elle a été contestée, plus récemment, par un Raphaël Confiant à cause de son relent de colonialisme. Aussi parce que la notion de déterritorialisation de la langue ne s'applique pas, selon lui, à la pratique du français des écrivains antillais. Quant à l'agencement collectif d'énonciation, on le retrouve, sous des modalités diverses, dans plusieurs romans de la créolité. Par contre, la reconnaissance parisienne a comme effet de dépolitiser ces productions : « La consécration centrale opère une dépolitisation systématique [...], une déshistoricisation de principe qui coupe court à toute revendication politique ou politico-nationale des écrivains dominés politiquement »[16]. Sachant que les instances de légitimation de la littérature antillaise se trouvent surtout à Paris, il est permis de se demander si le manifeste *Éloge de la créolité* aurait bénéficié du même écho s'il n'avait été publié qu'aux Presses universitaires créoles ? Les littératures antillaises, paradoxalement, se servent des créneaux parisiens pour revendiquer leur autonomie littéraire. « La littérature antillaise n'existe pas encore, écrivent les signataires du manifeste. Nous sommes dans un état de pré-littérature : celui d'une production écrite sans audience chez elle, méconnaissant l'interaction auteurs/lecteurs où s'élabore une littérature »[17].

---

[16] Pascale Casanova, *op.cit.*, p. 217.
[17] Jean Bernabé, Patrick Chamoiseau, Raphaël Confiant, *Éloge de la créolité*, Paris, Gallimard/Presses universitaires créoles, 1989, p. 14.

Toutefois, une analyse même superficielle montre bien que le champ littéraire antillais existe à sa façon, avec ses tensions, ses luttes intérieures et ses lieux de diffusion. Cette littérature fonctionne ainsi selon une double forme d'institutionnalisation, celle qui la relie à l'espace antillais et celle qui la rapproche du champ littéraire français, dont elle constitue une sorte d'avant-garde tumultueuse.

La littérature luxembourgeoise représente un autre exemple intéressant d'une jeune littérature francophone qui se développe dans une situation de contacts de langue (le français, l'allemand et le luxembourgeois) et en marge du champ littéraire français tout en tentant de se constituer en entité distincte. À titre d'exemple, citons l'ouvrage de Frank Wilhelm, *La Francophonie du Grand-duché de Luxembourg* (1999), composé d'un « dictionnaire de la francophonie luxembourgeoise » et d'une « anthologie d'auteurs francophones luxembourgeois contemporains ». La tentation anthologique n'est-elle pas le premier signe ou symptôme d'une littérature naissante ? N'est-elle pas présente dès les débuts de la littérature canadienne avec l'ouvrage de James Huston, publié au milieu du 19e siècle, quelques années seulement après la parution du premier roman, en 1837 ? Par contre, les écrivains luxembourgeois de langue française respectent la norme exogène en matière de langue littéraire et ne font que très peu appel aux variations locales.

De façon générale toutefois, les écrivains francophones, de quelque lieu qu'ils proviennent, ont manifesté leur sentiment d'étrangeté dans la langue française, une langue qu'ils ont dû apprivoiser de mille et une façons. Ces écrivains ont dû créer leur langue d'écriture dans un contexte de multilinguisme et souvent de clivage diglossique. Mais la notion deleuzienne de déterritorialité ne s'applique pas sans mal à ceux qui, comme les Québécois, représentent la majorité des parlant français en Amérique ou, qui, comme les Antillais, revendiquent la nécessité de se concevoir comme centre, ne serait-ce que comme argument dialectique. Quant aux autres caractéristiques de la littérature mineure, le branchement de l'individuel sur le politique et l'agencement collectif d'énonciation, elles sont surtout repérables, comme le soulignait déjà Kafka, chez celles parmi les littératures francophones qui tendent à s'organiser en « petites littératures ».

L'une des littératures qui a correspondu le mieux, au cours des dernières années, à la définition de littérature mineure serait la littérature acadienne. Je renvoie ici à l'étude de Raoul Boudreau montrant à quel point ces écrivains éprouvent le sentiment d'une langue déterritorialisée, qu'ils tentent de revaloriser par différentes stratégies : « En tant que littérature d'une minorité écrite dans une langue majeure, le français, mais fortement déterritorialisée, la littérature acadienne correspond assez bien à la description d'une littérature mineure selon Deleuze et Guattari. Le branchement sur le politique et l'énonciation collective sont particulièrement évidents dans la poésie acadienne des années 70 »[18]. Et le critique d'ajouter : « Le meilleur indice du sentiment de déterritorialisation de la langue chez les écrivains acadiens est sans doute le va-et-vient constant entre différentes langues et différents niveaux de langue, du chiac, à l'acadien traditionnel, à une variante acadienne du français standard, et finalement à l'anglais »[19]. Mais les dangers de cette pratique sont aussi réels, qui consistent à fonctionner en vase clos, hors de tout système communicationnel. La littérature acadienne des années 70 serait ainsi une littérature affectée des caractéristiques d'une littérature mineure, caractéristiques que l'on retrouve également dans la littérature québécoise des années 60. Ce qui me porte à dire que la notion de « littérature mineure » est une notion transitoire, qui correspond à un moment précis de l'institutionnalisation des « petites littératures ».

Il n'en reste pas moins que cette notion de littérature mineure, telle que mise de l'avant par Deleuze et Guattari, est un nouveau concept élaboré au cœur même de la légitimité institutionnelle française, c'est-à-dire le mineur revu et corrigé par le majeur, concept que Kafka aurait sans doute eu du mal à reconnaître. Je serais tentée également de dire que les littératures mineures existent surtout dans la pensée des littératures majeures, dont elles sont en quelque sorte le modèle fantasmé. Ce qui n'empêche pas certains écrivains, comme Gombrowicz ou Jacques Ferron, de revendiquer le statut d'écrivain mineur comme une façon d'échapper aux illusions de la « grande littérature ». Mais est-il possible de renoncer à toute universalisation du mineur ? Quand Saul Bellow, d'origine canadienne, se demande : « Quel est le Tolstoi des Zoulous, le Proust des Papous ? », il suppose l'existence de la Littérature – avec un grand L – comme donnée immanente transcendant les cultures et l'histoire. On ne saurait affirmer de façon plus caricaturale la posture essentialiste de la World Literature. Cependant, dans la mesure où le mineur se pense comme une variation interne du majeur, « comme en musique où le mode mineur désigne des combinaisons dynamiques en perpétuel déséquilibre », il représente pour tout écrivain un horizon souhaitable qui consiste à « faire crier, faire bégayer, balbutier, murmurer la langue en elle-même »[20].

---

[18] Raoul Boudreau, « Stratégies de reterritorialisation de la langue dans *La vie prodigieuse* », *in* Bertrand et Gauvin (dirs.), *Littératures mineures en langue majeure : Québec/Wallonie-Bruxelles*, Bruxelles et Montréal, P.I.E. Peter Lang et Presses de l'Université de Montréal, 2003, p. 82.
[19] *Ibid.*
[20] Gilles Deleuze, *Critique et clinique*, Paris, Minuit, 1993, p. 138.

Littératures minoritaires

Alors que les petites littératures s'appuient sur une communauté déjà constituée, celle des écrivains et des lecteurs, et éventuellement de la critique qui en rend compte, que les littératures mineures bénéficient, selon des échelles différentes, du soutien des littératures plus importantes dont elles sont en quelque sorte la périphérie et le rayonnement obligé, les littératures minoritaires sont celles qui ne peuvent compter, pour se produire, sur aucun système institutionnel. Plus que d'autres encore, les littératures minoritaires doivent créer de toutes pièces les moyens de leur apparition. Maisons d'édition, distribution et diffusion, instances de légitimation et de consécration, tout est à faire et à inventer. À cela s'ajoutent le travail de repérage des textes, la recherche d'archives, la collecte de documents originaux souvent liés à l'oralité. Les littératures minoritaires sont celles qui précisément mettent en cause la notion même de littérarité, de frontière entre les diverses formes de l'écrit, de partage entre l'engagement purement littéraire et la revendication politique. Aussi sera-t-il plus juste de parler de littératures de minoritaires plutôt que de littératures minoritaires. La notion même de littérature, dans la mesure où elle renvoie à un corpus déjà défini, paraît également risquée: ne faudrait-il pas plutôt nommer ces textes d'écrits minoritaires ? Ainsi cette catégorie très large pourrait-elle englober diverses pratiques qui n'ont pas de véritable légitimité littéraire, comme par exemple celle des graffitis ou, dans un autre registre, celle des récits de vie.

La littérature des minoritaires peut être, dans bien des cas, un déni de la littérature, soit un déni des formes canoniques de la littérature qui n'est pas pour autant à récupérer du côté des avant-gardes. La littérature des minoritaires est celle que l'on ne peut nommer car elle n'existe pas encore au firmament de la République mondiale des lettres. Qu'elle s'écrive dans une langue majeure ou une langue mineure, elle n'est encore prise en charge par aucun système institutionnel. Elle s'inscrit dans la logique d'un rhizome dont les ramifications sont imprévisibles et insoupçonnées et doit inventer son propre réseau. C'est la littérature qu'écrivent les Amérindiens du Québec, les Chicanos aux USA, les migrants qui ne savent pas encore qu'ils font partie d'une littérature dite migrante et les francophones de l'ouest canadien, dans la mesure où ceux-ci ne bénéficient pas, ou très peu, des structures propres à leur émergence comme «petite littérature » ou « littérature mineure », aux sens que nous venons de définir. Dans bien des cas, la littérature des minoritaires serait un état de pré- ou de post-littérature, susceptible d'être modifié en raison de facteurs externes – changements dans le statut de minoritaire – ou internes – la revendication d'une appartenance spécifique. Mais la particularité de cette littérature est précisément d'être toujours à reconstruire et de ne reposer sur aucun acquis définitif. C'est là ce qui fait sa force et sa fragilité. À cette littérature non encore nommée on pourrait attribuer la phrase de Kafka : « ... ce n'était rien, on disait simplement que quelqu'un danse.»

Avec ces désignations, nous sommes à la fois bien loin et bien proches d'une « Littérature-monde en français » dont le récent manifeste signale l'avènement. Nous ne pouvons qu'acquiescer au rejet d'une francophonie « entendue comme l'espace où la France dispenserait ses lumières sur des masses quelque peu enténébrées » (Michel LeBris). Qu'applaudir au souci de décloisonnement et de relations égalitaires entre les diverses littératures de langue française. Qu'être d'accord également avec ce concept de « littérature-monde » qui fait écho au tout-monde d'Édouard Glissant. Mais que fait-on, dans ce contexte, des espaces spécifiques à chacune des littératures francophones ? Le manifeste, en faisant l'impasse sur les situations particulières de ces littératures, reproduit la vision franco-française de la francophonie qu'il entend dénoncer. Les littératures francophones existent et continueront d'exister dans d'autres espaces que celui de la France métropolitaine. Je doute que le fait de dire que le centre est désormais partout suffise à modifier le centralisme de l'institution littéraire parisienne. Et pourquoi parler, dans le manifeste, de la fin de l'ère du soupçon, emblématique de toute activité d'écriture, des écrivains francophones tout particulièrement ?

J'ai déjà proposé de désigner les littératures francophones sous le nom de « littératures de l'intranquillité » parce qu'elles doivent constamment se situer par rapport à d'autres littératures. Pour la littérature québécoise, par exemple, il est facile de constater qu'il s'agit d'une littérature qui, dès le début, est hantée par la conscience de son statut, qui cherche à se constituer en littérature nationale et ne le devient qu'au moment où elle met fin à ses énoncés programmatiques, au moment où elle laisse dans l'ombre le qualificatif et se conçoit comme littérature avant d'être québécoise. Cette littérature, elle participe de l'intranquillité dans ce sens que rien de lui n'est jamais acquis et qu'elle vit de ses paradoxes mêmes. On sait qu'écrire, de quelque lieu que l'on provienne, consiste à faire profession d'intranquillité. Ceci étant dit, je crois qu'il y a des degrés dans l'intranquillité et que celle-ci peut à tout le moins emprunter différentes formes. Si la particularité des petites littératures apporte en corollaire une incertitude quant à leur place sur l'échiquier mondial, si la souffrance des écrivains appartenant à des littératures dites mineures est de devoir s'inscrire dans une forte concurrence avec des modèles préétablis, la situation des littératures minoritaires ou des minoritaires est de s'appuyer sur la précarité la plus totale. « La minorité, ce n'est pas un programme qu'il faudrait accomplir, un état, une essence, une identité qu'il faudrait retrouver ou élargir ; c'est un processus qu'il faut sans cesse recommencer »[21]. C'est ce qui fait l'originalité de ces littératures et, osons le mot, leur absolue modernité. Mais la modernité, comme toute manifestation artistique et en dehors de toute projection idéaliste, a besoin d'être reçue afin d'exister comme modernité.

Pour conclure, je ne peux que constater – et déplorer – que la diffusion du livre francophone est inversement proportionnelle au degré d'autonomisation des littératures dont il procède, puisque le succès des éditions québécoise et suisse romande dans leur propre pays se traduit par une faible diffusion à l'étranger alors que les auteurs antillais qui bénéficient d'une plus faible structure éditoriale chez eux sont immédiatement reçus par la collectivité des lecteurs français et francophones. Il y a là un paradoxe que l'on n'a pas fini d'explorer. Car on ne saurait trop insister sur l'importance des relations transversales qui, d'une littérature francophone à l'autre, permettent une information et une connaissance réciproques.

Écrire en français quand on fait partie de l'une de ces littératures que je viens d'évoquer, c'est accepter de s'inscrire dans une dynamique de l'instable, une poétique du doute et de l'incertain, une pratique du soupçon. L'intranquillité est une force, un privilège que les littératures francophones partagent avec d'autres qui, sur la scène du monde, déroutent et dérangent, car elles ne seront jamais établies dans le confort ou l'évidence de leur statut.

Références

Bernabé, Jean, Patrick Chamoiseau et Raphaël Confiant 1989. *Eloge de la créolité*, Paris, Gallimard/Presses universitaires créoles.
Bertrand, Jean-Pierre et Lise Gauvin (dirs.) 2003. *Littératures mineures en langue majeure : Québec/Wallonie-Bruxelles*, Bruxelles et Montréal, P.I.E. Peter Lang et Presses de l'Université de Montréal.
Boudreau, Raoul 2003. « Stratégies de reterritorialisation de la langue dans *La vie prodigieuse* », *in* Bertrand et Gauvin (dirs.)
Casanova, Pascale 1999. *La République mondiale des lettres*, Paris, Seuil.
Deleuze, Gilles et Félix Guattari 1975. *Pour une littérature mineure*, Paris, Minuit.
Deleuze, Gilles 1993. *Critique et clinique*, Paris, Minuit.
Desbiens, Patrice 1981. *L'Homme invisible/The Invisible Man*, Sudbury, Editions Prise de parole.
Eribon, Didier 2001. *Une Morale du minoritaire*, Paris, Fayard.

---

[21] Dider Éribon, *Une Morale du minoritaire*, Paris, Fayard, 2001.

Gauvin, Lise 2003. « Autour du concept de littérature mineure : variations sur un thème majeur », *in* Bertrand et Gauvin (dirs.).

Kafka, Frantz 1984. *Journaux. Œuvres complètes*, t. III, Paris, Gallimard. (« Bibliothèque de la Pléiade »).

Kundera, Milan 1993. *Les Testaments trahis,* Paris, Gallimard.

Miron, Gaston 1997. « Malmener la langue », *in* Lise Gauvin (dir.), *L'Ecrivain francophone à la croisée des langues*, Paris, Karthala.

Paré, François 1992. *Les Littératures de l'exiguïté*, Hearst, Le Nordir.

Wilhelm, Franck 1999. « La Francophonie du Grand-duché de Luxembourg », *Cahiers francophones de l'Europe Centrale*.

Pour un comparatisme français ouvert à la francophonie et aux métissages culturels.
Plaidoyer en forme de polémique

Charles Bonn

Université Lumière-Lyon 2

C'est un constat banal que de souligner le peu de place que tiennent les littératures francophones, et plus particulièrement celles du Tiers-Monde ou des Immigrations, dans l'enseignement universitaire français. Or on sait aussi que par le biais entre autres des *postcolonial studies*, que précédaient les *gender studies*, ces mêmes littératures francophones, perçues comme davantage en rapport avec l'actualité politique mondiale, sont souvent la voie d'accès essentielle, hors de France, à ce qu'il reste d'enseignement de littérature française. Et que c'est plus particulièrement à travers la thématique centrale du transnational, des migrations ou des minorités que ces littératures francophones intéressent les lecteurs étrangers. Le comparatisme français quant à lui est le plus souvent limité à l'étude, comparative ou non, d'«aires linguistiques», qui sont de plus majoritairement européennes. «Quelle langue comparez-vous à quelle langue?» est la question implicite ou explicite à partir de laquelle on «classe» les comparatistes pour établir des équilibres entre aires linguistiques au sein des sections de littérature comparée. Et ceci exclut bien sûr la francophonie, supposée monolingue et donc non comparatiste. Ces départements ou sections de littérature comparée ainsi définis apparaissent donc implicitement comme des annexes sous-appréciées des départements de langues étrangères, et au mieux comme des annexes tout aussi dépréciées des départements de littérature française.

Une telle conception du comparatisme et des « aires linguistiques » suppose des identités closes et fixes, reposant sur une cohérence entre identité et langue, dont la littérature dans chaque langue considérée serait la garantie, l'affichage rassurant. Elle exclut les identités problématiques, migrantes, transnationales, et autres. Elle suppose une cohérence entre identité et territoire, même si parfois elle condescend à examiner des « diasporas », à condition que celles-ci se réclament d'une même langue et d'une même origine perdue du fait d'aléas clairement localisables de l'histoire.

Plus encore : sur le plan épistémologique, elle exclut l'apport des sciences humaines, tout en renvoyant aux sociologues et aux anthropologues l'étude des littératures émergentes dont notre modernité fourmille, et face auxquelles elle se trouve méthodologiquement comme idéologiquement démunie. Elle ignore de ce fait, dans un monde plus que jamais mouvant où elle est de plus en plus seule à considérer les identités comme immuables, la fonction productrice d'identité de toute littérature, c'est-à-dire un des aspects essentiels selon moi de l'énonciation littéraire.

Un des résultats les plus choquants d'une telle conception du comparatisme peut se lire dans la politique des programmes de cette autre exception française qu'est l'agrégation, dont on sait qu'elle est devenue bon an mal an le prisme de consécration de la respectabilité universitaire de la littérature. Le seul auteur francophone qui ait jamais figuré aux programmes d'agrégation est Léopold Sédar Senghor, en 1987, et de plus c'était en littérature française et non en littérature comparée. Et l'on sait aussi que Senghor, qui fut l'un des promoteurs en 1962, avec Habib Bourguiba, de ce concept de francophonie, en représente la version la plus officielle et la plus coupée du réel, dans sa généreuse et suspecte utopie, puisqu'il le définit comme « cet Humanisme intégral qui se tisse autour de la terre, cette symbiose des 'énergies dormantes' de tous les continents, de toutes les races, qui se réveillent à leur chaleur complémentaire » [22] ! Enfin, faut-il encore préciser que c'est précisément à l'agrégation, dont elle a fait son fief, que cette conception d'un comparatisme limité à la comparaison entre des textes d'« aires linguistiques » différentes se contredit le plus elle-même, puisque par la force des choses les textes en langues étrangères y sont abordés à partir de traductions françaises ?

---

[22] *Esprit*, N° spécial, « Le français, langue vivante », 1962, p. 844.

Or, loin de cette ignorance frileuse, tout, dans les littératures francophones, invite à les considérer d'un point de vue comparatiste, tant il est vrai que comparatisme et francophonie multiplient les points communs.

Comparatisme et francophonie sont l'un et l'autre des discours problématiques. La discipline « littérature générale et comparée », à la définition ambiguë, a encore souvent de la peine, cinquante ans après la fondation de l'Association Internationale de Littérature Comparée (AILC) à Venise, à se faire reconnaître comme discipline universitaire à part entière, face à la littérature française ou à côté des langues et civilisations étrangères. Concrètement, cette indécision, on l'a vu, la met souvent en situation d'annexe dévalorisée de l'un ou l'autre de ces deux pôles majeurs, ce qui permet parfois à ces derniers de l'utiliser pour permettre des recrutements fort peu « comparatistes » qui augmentent de fait de façon déguisée leurs propres effectifs. Certains comparatistes ne sont-ils pas utilisés souvent pour enseigner la langue étrangère dont leur « profil » supposé comparatiste se réclamait ? Et d'autres, loin de toute considération comparatiste, ne sont-ils pas d'abord considérés comme les spécialistes de tel ou tel grand auteur étranger, sur un pied d'égalité avec les chercheurs effectivement spécialistes de la langue et littérature étrangère concernée ? Certes, cette situation est tout à l'honneur des spécialistes concernés, mais ne laisse guère deviner quelle est la justification « comparatiste » de leurs recherches, sauf à penser, ce qui est également vrai, que toute recherche littéraire est obligatoirement comparatiste.

La francophonie quant à elle souffre de la même ambiguïté définitionnelle et de la même position « mineure » ou dévalorisée. On sait, ainsi, que l'une des questions récurrentes concernant la francophonie littéraire est de savoir si la littérature française en fait ou non partie : les Français ne sont-ils pas, tout naturellement et par définition, les premiers « francophones », puisque ainsi que le terme « francophone » l'indique, ils parlent le français comme Monsieur Jourdain fait de la prose ? Dans ces conditions, établir une différence entre « français » et « francophones » ne revient-il pas à faire de ces derniers des locuteurs du français de deuxième catégorie ? Des « utilisateurs » à qui le français est prêté, mais n'appartient pas ? Utilisateurs de seconde zone de ce fait, qui ne peuvent donc pas maîtriser le « génie » d'une langue dans laquelle ils ne sont pas installés depuis plusieurs générations ? Et littératures, dès lors, qui ne seront que des traductions dans une langue qui ne leur appartient pas, d'une culture qui relèvera donc, soit d'une littérature de langue non-française même si elle est écrite en français, soit plus encore d'une oralité non-littéraire, qui sera quant à elle du ressort des anthropologues, et non des spécialistes de littérature. Et comme tout échange avec les sciences humaines apporterait à la « pureté » supposée des études littéraires un abâtardissement certain...

Non seulement comparatisme et francophonie sont des discours problématiques comparables, mais le comparatisme peut, de toute évidence, se faire au sein de littératures d'une même langue. Qu'y a-t-il de commun, en effet, entre le français de Kateb Yacine et celui de Chamoiseau, celui d'Anne Hébert, et même celui de Proust ? La diversité des langues françaises au sein de la francophonie est bien plus grande en tout cas que la différence entre traductions en français standard de textes étrangers utilisés à l'agrégation de Lettres modernes. Mais surtout cette diversité récuse de plein fouet la vision officielle, commune entre autres à Senghor et Mitterrand, d'une francophonie à vocation universelle, dont l'Association des Universités Entièrement ou Partiellement de Langue Française (AUPELF) avait dressé il y a quelques années une carte bien connue, que j'ai refusé d'afficher dans mon bureau. Car la francophonie est d'abord une multiplicité de cultures auxquelles des langues diverses sont rattachées, et entre lesquelles des langues françaises diversifiées permettent un comparatisme plus réaliste et plus actuel que la frileuse clôture intra-européenne des programmes d'enseignements comparatistes en France. Plus qu'une rencontre entre langues le plus souvent européennes, qui plus est à travers des traductions, le comparatisme doit donc permettre une véritable rencontre littéraire entre cultures, dont la différence sera plus évidente qu'entre les seules cultures européennes, et dont l'inscription dans une actualité politique plus récente sera aussi un gage de vitalité auprès du public.

Car ce public, on l'a déjà vu, est avant tout sensible aux mutations culturelles qui se jouent dans notre actualité. Il s'intéresse aux minorités qui néanmoins composent une part de plus en plus importante des sociétés industrielles que nous connaissons, et qui s'avèrent de plus en plus être des sociétés métisses, qu'elles l'acceptent ou non. La « marche des beurs » de 1983 [23] ne proclamait-elle pas déjà « La France, c'est comme une Mobylette, ça marche au mélange » ? Les identités nationales ne sont pas univoques. Mais la France plus que d'autres pays européens a beaucoup de mal à l'accepter. Peut-être à cause d'une tradition jacobine postulant l'unité de la nation, mais surtout à cause d'une histoire coloniale dont la mémoire, plus ou moins honteuse, n'arrive toujours pas à se dire. On constate en effet que le succès actuel des recherches sur le transnational, la migration, ou les *postcolonial studies* est plutôt localisé dans des pays dont l'histoire coloniale est plus anecdotique, pour ne pas dire inexistante, que dans un pays comme la France où cette histoire est plus récente et plus traumatique par sa contradiction avec ce discours humaniste universalisant, précisément, dont

---

[23] Entre autres documents sur cette « marche », on pourra consulter le récit de l'un de ses organisateurs : Bouzid, *La Marche. Traversée de la France profonde*, Paris, Sindbad, 1984, ou encore le roman semi-autobiographique de Nacer Kettane, *Le Sourire de Brahim*, Paris, Denoël, 1985.

on a vu la francophonie officielle se réclamer. Au regard de cette histoire coloniale, le cliché selon lequel le français serait la langue de l'humanisme et du respect de l'Autre passe mal. Et cependant nos banlieues nous rappellent quotidiennement qu'elles font partie de notre identité, et produisent depuis peu une littérature qui nous le montre encore plus. La nomination récente d'Azouz Begag, le plus connu de ces écrivains, comme ministre de la Promotion de l'égalité des chances, est-elle une tardive reconnaissance de ce métissage ? Le moins qu'on puisse en dire en tout cas est que cette reconnaissance est discrète...

Ce métissage et ses productions culturelles de plus en plus nombreuses[24] invitent à une description comparatiste au sein même de l'identité nationale dont on vient de voir qu'elle est plurielle. Description comparatiste qui participerait peut-être même, dès lors, à la mise en évidence et à la production de discours culturels et littéraires plus proches de notre réalité métisse, dont Jacques Berque montrait déjà en 1985 qu'elle est avant tout « sous-décrite »[25]. Mais cette productivité du comparatisme, dont on peut rêver, supposerait une prise en compte de la littérature comme réalité sociale en situation, et donc une ouverture aux sciences humaines dont j'ai déjà parlé. Elle supposerait aussi de reconnaître que les « aires linguistiques » auxquelles s'accroche le comparatisme français n'ont pas la cohérence culturelle que ce comparatisme leur suppose. Elle invite enfin et surtout à ne plus penser le littéraire comme une activité élitiste coupée d'une réalité toujours mouvante. A considérer au contraire le littéraire comme producteur d'identités et de déchiffrements du monde, plutôt que comme simple description du réel. Accepter que la littérature ne se contente pas de décrire le réel, mais qu'elle en fait partie, allant même jusqu'à le produire.

C'est autour de cette redéfinition du littéraire que pourrait se réaliser ce mariage du comparatisme et de la francophonie que j'appelle de mes vœux. La Société Française de Littérature Générale et Comparée (SFLGC) a en effet trop tendance à oublier que dans son intitulé même figure le terme de « générale », qui invite d'abord, toutes « aires linguistiques » bues, à une

---

[24] En littérature, non seulement les écrivains « beurs » sont nombreux, mais même des écrivains plus banalement « franco-français » s'inventent une identité d'écriture « beur », comme Chimo, Paul Smaïl ou Youcef MD par exemple. Il est intéressant aussi de souligner que le roman « fondateur » de la littérature « beur », *Le Thé au harem d'Archi Ahmed*, de Mehdi Charef (Paris, Le Mercure de France, 1983), montre un groupe de jeunes des banlieues essentiellement pluriethnique, dans lequel le pire délinquant, dont la bourde de cancre donne son titre au livre, n'est pas d'origine arabe. Cette mixité culturelle de banlieue est par ailleurs devenue la norme pour les groupes de rap ou de hip-hop, bien plus nombreux que les textes littéraires.
[25] Dans *L'Immigration à l'Ecole de la République. Rapport d'un groupe de réflexion au Ministère de l'Education nationale*, Paris, CNDP, 1985.

45

réflexion sur la littérarité. Si le comparatisme acceptait de se faire parfois descripteur des métissages culturels et littéraires actuels, et de leur prêter la voix d'une reconnaissance universitaire, il serait moins coupé du réel, et surtout il gagnerait un observatoire privilégié pour évaluer la littérarité en général. Cette évaluation bénéficierait là en effet d'un objet plus qu'intéressant, sur le plan théorique, dans l'émergence d'une expression littéraire à partir d'espaces culturels traditionnellement considérés comme non-littéraires. Cette rencontre entre « littéraire » et « non-littéraire » permettrait précisément à la méthode comparatiste d'aboutir à une approche plus convaincante, par opposition à son contraire, de ce qu'est à proprement parler la littérarité. Elle pourrait en particulier s'interroger dans cet environnement sur la non-littérarité de discours ou même de comportements coupés de la longue tradition de textes par rapport auxquels les littératures « consacrées » développent leur intertextualité, dimension essentielle, précisément, de leur littérarité. Et se demander alors à partir de quel moment une émergence littéraire s'appuie sur une intertextualité suffisante pour produire des textes véritablement « littéraires ». Elle pourrait observer également les aléas des déplacements de modèles littéraires dans des espaces dont ils ne font pas partie de la tradition culturelle : dans ces espaces étrangers ces modèles rencontrent en effet, ou ne rencontrent pas, d'autres modèles, avec lesquels ils développent des jeux d'intertextualité beaucoup plus inattendus que ceux que produit la rencontre entre elles des seules littératures européennes consacrées, dont les modèles sont beaucoup plus proches les uns des autres. Et parfois ces modèles – le voyage du roman européen dans des espaces culturels où ce genre était inconnu jusque-là en est un bon exemple – ne reviennent-ils pas transformés de ces périples inattendus, pour produire alors de nouveaux canons esthétiques féconds dans l'espace d'origine même de ces genres voyageurs ?

S'interroger sur l'essence de la littérarité suppose par ailleurs une démarche proprement comparatiste, dans le fait de confronter aussi cette littérarité à des productions censées non-littéraires au sens strict du terme, comme l'oralité, la musique, le cinéma, la danse, et d'autres. On peut même aller plus loin : en un sens la délinquance dont l'actualité nous abreuve dans les banlieues des grandes métropoles européennes n'est-elle pas elle aussi, à sa manière, un mode d'expression paradoxal, en ce qu'il exhibe le manque béant d'une parole de ces vécus relégués périphériques par les discours de la bien-pensance ? Non-littérarité absolue, n'est-elle pas un espace idéal pour mettre à l'épreuve *a contrario* notre littérarité, et mieux la définir ? Et se demander aussi comment se développe le littéraire dans des espaces vierges de paroles, comme le sont encore grandement l'immigration ou plus généralement les banlieues, auxquelles on enlève la possibilité de se dire lorsqu'on les décrit de l'extérieur à partir du concept pour le moins dépassé de « cultures d'origine » ? Concept qui relève, précisément, de cette définition des « aires linguistiques » ou culturelles comme immuables que j'ai dénoncée plus haut.

La littérarité cesserait dès lors d'être un alibi de repli sur soi loin de la trivialité du réel, pour retrouver sa fonction de productrice d'un sens pour une réalité qui le cherche encore, parce qu'elle est sous-décrite. Le comparatisme ainsi conçu participerait alors à donner un sens à la rencontre des cultures, au lieu de se contenter de les décrire. Il s'ouvrirait également aux sciences humaines, tout en affirmant plus clairement dans cette rencontre ce qui fait la spécificité du littéraire. Car tel qu'il est pratiqué dans les frilosités actuelles, le comparatisme n'est-il pas souvent le prétexte à de simples catalogues thématiques comparés, lesquels relèvent souvent d'un « sociologisme » que les sociologues récuseraient pour son manque de rigueur, et que les « littéraires purs » ont depuis longtemps refusé ? L'utilisation des sciences humaines, et plus généralement le décentrement de notre regard dans des espaces non considérés traditionnellement comme littéraires, permettrait au contraire une évaluation de la littérarité rendue plus facile par le recul critique ainsi produit.

Plus concrètement, une telle ouverture du comparatisme permettrait également aux enseignants directeurs de thèses que nous sommes fréquemment, de répondre plus judicieusement aux demandes d'encadrement de plus en plus nombreuses de chercheurs issus des pays anciennement colonisés. Chercheurs qui sont déjà majoritaires dans de nombreuses universités françaises, où ils sont souvent encadrés avec paternalisme par des directeurs ne connaissant pas les auteurs dont ils traitent, et découvrant parfois le jour de la soutenance seulement, que ce sujet avait déjà été traité plusieurs fois… Chercheurs qui lorsqu'ils veulent une direction moins paternaliste et plus au fait de leur domaine s'adressent aux très rares enseignants de rang magistral ayant travaillé sur ce dernier, enseignants qui se trouvent de ce fait submergés par le nombre de thèses ! Plus politiquement, elle permettrait enfin de proposer une définition moins officielle et universalisante de la francophonie comme « humanisme mondial » à laquelle continuent de se référer bien des officines ministérielles, même si heureusement sur ce plan des progrès sont très sensibles. On s'apercevrait en particulier, à partir d'un comparatisme interne à la francophonie, que cette dernière recouvre des cultures très différentes, entre lesquelles le français permet le surgissement de littératures qui ne se conçoivent que dans la rencontre des modèles et des discours : et cette dernière n'est-elle pas l'objet même du comparatisme, y-compris dans sa conception la plus traditionnelle ? Le comparatisme alors ne se contenterait plus de décrire ces rencontres depuis un langage critique qui ne se poserait pas la question de sa propre origine : il serait un discours véritablement actif et acteur, en ce qu'il proposerait des mots pour dire cette diversité, tout en se mettant lui-même en situation. Il retrouverait alors ce qui est sans doute le rôle premier de la littérature : trouver les mots pour dire l'indicible, ou plus simplement le non-encore dit.

Références

Bouzid 1984. *La Marche. Traversée de la France profonde*, Paris, Sindbad.

Charef, Mehdi 1983. *Le Thé au harem d'Archi Ahmed*, Paris, Mercure de France.

Esprit 1962. N°. spécial, « Le français, langue vivante ».

L'Immigration à l'Ecole de la République. Rapport d'un groupe de réflexion au Ministère de l'Education nationale 1985. Paris, CNDP.

Kettane, Nacer 1985. *Le Sourire de Brahim*, Paris, Denoël.

La francophonie vue du monde arabe et du Maghreb

Gilbert Grandguillaume

Ecole des Hautes Etudes en Sciences Sociales, Paris

Je voudrais introduire mon propos par une considération plus politique que linguistique sur ce qui constitue la légitimité de la francophonie : la défense du multilinguisme. Car il ne s'agit pas seulement pour elle de s'opposer à l'hégémonie de la langue anglaise, mais aussi de prendre la défense des langues moins favorisées. Elles sont nombreuses comme la littérature sur le sujet en témoigne – vous me permettrez de ne prendre en compte que le cas de la langue arabe, mon intention étant de montrer comment la francophonie est perçue du côté des arabophones. Ce n'est évidemment pas pour prendre le parti de celle-ci contre la langue française, mais pour essayer de faire comprendre les difficultés que peut rencontrer la francophonie de ce côté et de tracer une voie qui ferait passer leur relation de l'opposition à la coopération.

Le sujet est vaste et le temps est court. Plutôt qu'une information qui est maintenant surabondante sur internet et ailleurs, je voudrais engager une réflexion comme le cadre de ce colloque nous y convie. Pour cela il paraît convenable de procéder en deux temps, le premier concernant le monde arabe en général, et le second le Maghreb et plus particulièrement l'Algérie où la question est plus caractéristique.

Francophonie et monde arabe

Un ami arabisant marocain, Mohamed Aslim, qui fréquente intensivement les sites internet de langue arabe (y animant notamment la revue électronique Midouza[26]), à qui j'avais posé cette question de la perception de la francophonie de ce côté, m'a répondu que celle-ci était plutôt négative, me renvoyant notamment à la revue Al-Bayân[27] et à un long article de Georges Corm[28], ancien ministre libanais et politologue.

Les adversaires arabes de la francophonie y voient une immixtion politique qui serait la suite des précédentes : croisades, colonialisme, et leurs arguments les plus clairs se résument en trois points :

1. La langue étrangère (le français et éventuellement l'anglais) prendrait la place de la langue arabe, empêchant celle-ci de s'épanouir et de répondre elle-même aux requêtes de la modernité (en somme ce que les Français disent de l'anglais...).

2. La langue française est le vecteur d'une influence culturelle divergente de la culture musulmane, en introduisant de nouvelles modes culturelles et de nouvelles mœurs (notamment en ce qui concerne la place de la religion dans la vie sociale et celle de la femme dans la société).

3. La langue française joue un rôle politique d'effraction au détriment d'une langue arabe qui est la caisse de résonance de la solidarité arabe sur des questions comme la Palestine et l'Iraq (où l'honneur arabe serait bafoué) et dans un contexte plus large de guerre des civilisations (Huntington).

Ces points de vue ne sont pas toujours aussi abrupts, mais ils constituent la pointe extrême, nuancée par la position de la France vis-à-vis de l'Iraq et de la Palestine. La position adoptée par Georges Corm se situe elle aussi dans une optique politique pro-arabe. Comparant les positions respectives du Commonwealth britannique et de la Francophonie, il constate que celle-ci ne représente pas un poids d'intervention aussi efficace que le Commonwealth. Il souhaiterait que ses membres arabes y soient plus actifs et conseillent aux deux membres qui n'en font pas partie, l'Algérie et la Syrie, de les rejoindre afin d'y bénéficier de l'appui des pays qui en sont membres. Approuvant la participation des sept pays arabes qui en sont membres (Liban, Maroc, Tunisie, Egypte, Mauritanie, Djibouti, Comores), il reconnaît que la Francophonie comporte un programme spécial concernant la démocratie, l'Etat de droit, les droits de l'homme et la citoyenneté. Dans cette optique il estime que la Ligue arabe devrait demander le statut d'observateur à

---

[26] http://www.midouza.org.
[27] http://albayan-magazine.com/files/frankofoniah/.
[28] http://georgescorm.com/ar/articles/articledetail/article17.shtml.

l'Agence de la francophonie et celui de membre dans les réunions de chefs d'Etats.

La caractéristique commune de ces points de vue est de percevoir dans la francophonie essentiellement l'aspect politique, voire idéologique. L'aspect linguistique apparaît davantage lorsque l'on considère la situation à l'intérieur d'un pays déterminé comme dans le cas de l'Algérie que nous aborderons. Toutefois, même à ce niveau de globalité, il apparaît que des initiatives seraient possibles sur la base d'une meilleure connaissance (entraînant reconnaissance) de la sphère arabophone. Celle-ci (qui se développe de plus en plus avec les media et l'internet) constitue un monde fermé par rapport à l'Occident, elle ne s'y révèle que par à-coups à l'occasion d'évènements généralement défavorables à la réputation du monde arabe tels que manifestations, prises d'otages, violences diverses. Pour le reste, la langue arabe l'enferme dans un monde de méconnaissance : le fait par exemple que la tradition culturelle occidentale se réfère à l'héritage grec, puis chrétien, pour aboutir à la Renaissance, en réduisant le rôle de l'apport arabe à celui de simple transmetteur de la culture gréco-latine, sans lui reconnaître sa place dans le processus qui a abouti à la culture contemporaine. Parlant de cette illusion de l'Occident, l'écrivain Youssef Seddik la définit comme « celle que dessine le parcours d'une autoroute qui, arrivant des pré-socratiques, récupère la pensée judaïque hellénisée, intègre la chrétienté romaine, mais contourne orgueilleusement le fonds islamique»[29].

Sur ces problèmes la francophonie serait à même de prendre des initiatives concernant tant la langue que la culture arabe afin de réduire le cloisonnement des deux univers car, si on met à part le cas des extrémistes et de leur utilisation politique, le monde arabe est beaucoup plus ouvert qu'on ne le suppose à la culture véhiculée par la francophonie.

Francophonie et Maghreb

Le thème de la francophonie au Maghreb est encore plus vaste que le précédent et je n'en saisirai que l'aspect de son contact avec la langue arabe, laissant de côté le secteur important de ce qu'on nomme habituellement la « littérature francophone » qui est généralement l'objet des recherches et des colloques. Je veux toutefois en souligner l'importance en ce qui concerne la culture maghrébine : non seulement par le mode d'expression important qu'il représente, mais aussi parce qu'il côtoie de façon intime les langues du Maghreb, à la fois l'arabe écrit et les langues parlées, arabes et berbères : il y

---

[29] Youssef Seddik, *Le Coran. Autre lecture, autre traduction,* La Tour d'Aigues, Editions de l'Aube, Editions Barzakh, 2002, p. 18.

a là une création linguistique originale, qui a fait l'objet de nombreux travaux[30], et où s'exprime une vitalité extraordinaire.

Tout en reconnaissant ce que présentent ces études, ce n'est pas d'elles que je veux parler aujourd'hui. Mon but est de réfléchir sur le rapport entre les langues arabe et française dans le pays où ce rapport a été et reste le plus compliqué, mais aussi le plus dense, à savoir l'Algérie, et d'essayer d'éclairer la perception qui en est faite de l'intérieur, au-delà de l'élite cultivée et bilingue qui a pu résoudre ces problèmes pour elle-même.

Un bref rappel sur la politique linguistique en Algérie

Ce n'est ni le lieu ni le temps de nous attarder sur un rappel pourtant nécessaire[31]. L'Algérie en 1962 était totalement francophone dans son enseignement, son administration. L'arabe écrit y était largement ignoré, et le français côtoyait les langues maternelles parlées arabes et berbères.

Les gouvernements indépendants (Ben Bella puis Boumediène) ont estimé qu'il fallait restaurer la place de l'arabe dit littéral ou parfois moderne, pour sa double référence à l'islam et à l'appartenance au monde arabe, en voulant définir par ces deux facteurs une identité algérienne indépendante. Au lieu d'être conduite dans une optique de bilinguisme arabe-français, cette politique d'arabisation s'est déroulée dans un climat conflictuel opposant deux groupes socio-culturels désireux d'avoir accès au pouvoir et selon les méandres de l'opportunisme politique. La préoccupation pédagogique a été généralement occultée par les aléas politiques. La mise en place de l'arabisation de l'enseignement a été réalisée, se fondant en une première étape sur la considération nationale, et dans un second temps, marqué par l'apparition de l'islamisme, sur le lien de la langue arabe à l'islam. En réalité, ce lien était depuis longtemps ancré dans l'esprit de la population et manipulé par le pouvoir en place. Quant au résultat, ce fut la fameuse « école sinistrée » dénoncée par le président Boudiaf en 1992, d'où le français était largement absent, mais où la langue arabe n'était guère mieux maîtrisée.

---

[30] L'un des plus récents est *Convergences francophones*, dirigé par Christiane Chaulet Achour, Université de Cergy-Pontoise, septembre 2006. Mentionnons aussi *La francophonie – une introduction critique*, de John Kristian Sanaker, Karin Holter et Ingse Skattum, Oslo Academic Press, 2006.

[31] Pour une étude détaillée de la question, je rappelle mon ouvrage *Arabisation et politique linguistique au Maghreb*, Paris, Maisonneuve et Larose, 1983, et une mise à jour, « Les enjeux de la question des langues en Algérie », *in Les langues de la Méditerranée*, R. Bistolfi (dir.), Paris, L'Harmattan, 2003, p. 141-166, ainsi que mon site internet http://grandguillaume.free.fr.

Une difficile réforme de l'enseignement

C'est de cette situation que le président Bouteflika, élu le 15 avril 1999, a tenté de sortir à partir de son élection, en affichant sur cette question des langues une liberté de parole inhabituelle jusque-là. Sa participation au sommet de la francophonie de Beyrouth en octobre 2002 – même s'il est dit qu'il le fait en tant qu'invité personnel du président Lahoud – est un geste symbolique audacieux, qu'il confirme d'ailleurs par une déclaration à la presse, affirmant que son pays s'acheminait « lentement mais sûrement » vers l'entrée dans la francophonie, « même si certains en Algérie n'y sont pas favorables ».

La mise en place d'une Commission Nationale de Réforme du Système Educatif (CNRSE), délibérant durant une année, aboutit à une réforme dont l'un des objectifs était la restauration du bilinguisme par la réintroduction du français dans les divers niveaux de l'enseignement. Les travaux de la commission avaient révélé de fortes tensions en son sein entre le groupe des « arabisants » attachés au maintien du *statu quo*, et celui des réformistes. C'est ce groupe qui l'a finalement emporté, mais le rapport final n'a jamais été rendu public et le Ministère de l'Education applique avec prudence le programme des réformes souhaitées, notamment le rétablissement de l'enseignement du français à tous les niveaux.

Pour faire passer ce programme, le président doit continuellement l'assortir de mesures souhaitées par les « arabisants » : encouragement à l'enseignement du Coran, strict contrôle des écoles privées qui se dispenseraient volontiers de l'enseignement de l'arabe. Ces mesures, vues de l'extérieur comme des reculades, sont en réalité des contrepoids idéologiques de la réforme, et parfois des nécessités, comme le report de l'enseignement du français en deuxième année primaire, reporté ensuite en troisième année, après le constat du manque d'enseignants pour cette matière.

Des obstacles à la réintroduction du français

L'un de ces obstacles est le manque à tous les niveaux d'enseignants à même d'enseigner le français. Dans l'enseignement primaire et secondaire, ce manque est dû au fait que, dans les années 80, on avait cessé d'en former dans les écoles normales. De ce fait, l'enseignement de cette matière prévu par les programmes n'était plus assuré, notamment dans les régions du centre et du sud. La montée de l'islamisme dans les années 90 et son emprise sur le milieu enseignant à contribué à réduire encore le nombre de ces enseignants par l'intimidation, voire la menace. Le ministère a donc dû engager un nouveau programme de formation d'enseignants de français, dont le résultat n'apparaîtra que dans quelques années. En ce qui concerne l'enseignement supérieur, où sévissait la même carence, des programmes importants de formation sont en cours, dont un projet franco-algérien de formation de 2000 maîtres-assistants sur trois ans, projet qui a fait le 8 avril 2005 l'objet d'une convention entre le Ministère des Affaires étrangères algérien et l'Ambassade de France.

D'autres résistances viennent du clan des arabisants qui dispose d'importants relais dans la caste dirigeante, dans certaines organisations telles que la *Coordination nationale de soutien à l'école authentique et ouverte*, présidée par Ali Ben Mohamed, ancien ministre de l'Education nationale, qui dénoncent publiquement « l'abandon de l'arabisation ». Ces protestations trouvent un écho chez les enseignants principalement du primaire qui, même quand ils ne sont pas acquis aux thèses islamistes, manquent de formation et sont incapables d'appliquer les réformes projetées. Ces réactions existent aussi dans l'enseignement supérieur où la langue française est souvent mal maîtrisée et où les bénéficiaires de promotions rapides voire imméritées ne souhaitent pas le retour de cadres compétents. Le ministre tunisien de l'enseignement supérieur, M. Mohamed Charfi, auteur d'une remarquable réforme de l'enseignement, disait justement qu'il ne suffisait pas de concevoir et de décider une réforme, mais qu'il fallait disposer d'un corps enseignant capable de la mettre en œuvre.

Les adversaires de cette réforme la présentent comme une « refrancisation » et savent qu'ils trouveront un écho dans une large partie de la société algérienne. Pour celle-ci, la langue française est non seulement la langue de la colonisation, mais surtout la langue du pouvoir arbitraire actuel, la langue de ceux qui dirigent le pays selon leurs intérêts et suscitent le rejet de la population. A côté de ceux qui bénéficient des avantages économiques et politiques du régime, se dresse la masse des laissés-pour-compte, la société plébéienne selon l'expression de Mohamed Harbi, qui regarde non vers l'Occident mais vers l'Orient, vers ce qui vient par terre et non par mer. Cette partition de la société est ancienne, et l'ouvrage récent de Gilbert Meynier sur l'Algérie des origines[32] révèle une situation analogue face à la civilisation gréco-romaine, qui se répandit dans les villes et sur les côtes, mais laissa de côté la plus grande partie du pays restée fermée à toute influence extérieure. Pour cette partie de la population (et sans doute pour l'autre également), le lien à la langue arabe est radical, identitaire, et se conforte de références religieuses. Ce lien se manifeste autant par rapport à la langue arabe écrite qu'à la langue parlée. Il est constitutif pour une

---

[32] Gilbert Meynier, *L'Algérie des origines. De la préhistoire à l'avènement de l'islam*, Paris, La Découverte, 2007.

population qui a été l'objet d'un mépris (*hogra*) de la part des colonisateurs, puis de ses propres dirigeants jusqu'à ce jour.

L'importance d'un vrai bilinguisme en Algérie

Je tenais à faire part de ces obstacles – parmi bien d'autres – pour dire qu'on aurait tort de voir dans la réforme actuelle un simple mouvement de balancier qui amorcerait un retour triomphal du français comme semblent le penser certains gestionnaires de programmes français. Ce serait une erreur, car s'il y a un mouvement – certes ambivalent – vers la langue française, pour son utilité et ses valeurs, il ne signifie pas un détachement de l'arabe. Même si la connaissance de l'arabe comme outil d'expression est souvent aussi déficiente que celle du français, la solution ne peut être qu'une mise en œuvre conjuguée des deux langues fondée sur la conscience de leur solidarité et de leur nécessité pour l'équilibre de la société.

Les responsables des services diplomatiques et culturels français sur l'Algérie ont pendant des années estimé que la langue française devait être opposée à la langue arabe. Les mots ont changé depuis, mais il n'est pas certain que les pratiques aient suivi. Des actions effectuées à partir de la structure de la francophonie dans sa dimension internationale seraient sans doute mieux à même d'effectuer cette mutation des esprits et des pratiques.

De quoi s'agit-il en effet, sinon de la pédagogie des langues ? Celle de l'enseignement du français bénéficie de l'expérience et des structures de l'enseignement français. En ce qui concerne l'arabe, ou bien c'est le vide, ou bien on se tourne vers le Machrek, qui diffuse spontanément une pédagogie de la mémorisation. Dans l'intérêt même d'une bonne implantation de la langue française, une coopération efficace devrait élaborer une pédagogie rationnelle et commune aux deux langues. Ce qui signifie que la francophonie prenne en souci non seulement le français, mais aussi l'arabe, avec pour objectif que l'apprenant acquière une connaissance aisée des deux langues. Ceci s'est passé dans d'autres pays, notamment en Tunisie; c'est maintenant une nécessité vitale en Algérie, dont dépendent tous les efforts pour. remettre sur pied le système de l'enseignement. Toutes ces mesures auraient pour but d'établir une coexistence des langues dans les esprits et les institutions, remplaçant l'indifférence, voire l'hostilité réciproque entretenue jusqu'à présent.

Conclusion

La francophonie ne peut être fermeture sur le français et son développement. Elle s'est légitimée sur le plan international comme revendication du multilinguisme. Cela entraîne un engagement à soutenir les autres langues et à prendre en charge leur développement à concevoir non comme une menace mais comme un enrichissement. Des initiatives dans le champ déterminé par son rapport à la langue arabe serait non seulement profitables à son propre dessein de valorisation de la langue française mais témoignerait de sa dimension internationale et cautionnerait la légitimité de son action en faveur du multilinguisme.

Et pour terminer je citerai cette déclaration du président Bouteflika dans le discours qu'il a prononcé à Beyrouth au sommet de la francophonie :

> Que les deux cultures qui se sont le plus côtoyées tout au long de l'histoire soient celles qui entretiennent les rapports les plus chargés de tension, relève d'un paradoxe apparent que soulignait le regretté professeur Jacques Berque, lorsqu'il estimait que les malentendus entre ces deux ensembles tenaient, non pas à un éloignement culturel, mais à une trop grande proximité, géographique, peut-être, disait-il, mais surtout "historique et même essentielle".

ANNEXE

Cette annexe vise à mettre en évidence l'alternance de mesures durant la présidence Bouteflika, pour montrer comment le pouvoir politique doit constamment équilibrer son action en faveur de la langue française ou de la langue arabe. En voici un bref rappel chronologique :

1999

19 mai : à la Journée de l'étudiant, le président Bouteflika s'exprime publiquement en français et dit qu'il faut accéder au savoir quel qu'en soit la langue.

20 septembre : le quotidien *El-Moudjahid*[33] publie une longue lettre ouverte de Abdelkader Hadjar, chargé de l'arabisation au FLN, critiquant l'ouverture du président. M. Hadjar est en 2007 ambassadeur d'Algérie en Egypte.

2000

8 mai : une circulaire du ministre de l'Enseignement supérieur rétablit l'usage du français dans des disciplines arabisées et provoque les critiques du FLN.

---

[33] *El-Moudjahid*, 3-4 septembre 1999.

13 mai : installation de la Commission Nationale de Réforme du Système de l'Enseignement (CNRSE), pour proposer des réformes dont on sait que l'un des points forts est la question des langues.

21 septembre : installation du Conseil Supérieur de la Langue Arabe.

2001

28 janvier : le ministre de l'Education nationale, M. Benbouzid, déclare que 50 % des établissements scolaires ne sont pas encadrés par des enseignants de français ou d'anglais, et que « les résultats du BEF et du bac ont démontré que les plus mauvaises notes sont enregistrées au niveau de la langue arabe »[34].

26 février : A l'occasion d'un voyage à l'Université de Blida, A. Bouteflika réaffirme qu'il faut « casser les tabous » et assurer « une plus grande ouverture aux langues étrangères » tant à l'Université qu'à l'école primaire. Il s'en prend aux adeptes de «cette école réactionnaire dont le but est de nous ramener à des siècles en arrière en tentant de semer le doute et la confusion sur la question des constantes nationales». Le ministre de l'Enseignement supérieur qui l'accompagne autorise « l'utilisation des langues étrangères à l'université dès l'année prochaine sans restriction »[35].

28 mars : Remise officielle au président Bouteflika du rapport de la CNRSE, dans un climat de vive polémique. *El-Khabar al-usbu'î* (N°107 du 20-26 mars) titre que « la commission a évité la réforme pour se noyer dans les langues », et présente la position des contestataires, menés par Ali Ben Mohamed, ancien ministre de l'Education nationale.

19 mai : Création de la *Coordination nationale de soutien à l'école authentique et ouverte*, présidée par Ali Ben Mohamed, lors d'une réunion à l'hôtel Safir. Etaient présents à cette réunion les leaders des partis islamistes (Nahnah, Djaballah et Adami), les représentants de l'Union Nationale des Professionnels de l'Education et de la Formation (UNPEF) et de la Fédération nationale des associations des parents d'élèves, Ali Ben Mohammed, Abderahmane Chibane (ex-ministre des Affaires religieuses), Abdelhamid Mehri ainsi que des associations religieuses. Le FLN a décliné l'invitation que lui a adressée l'UNPEF pour prendre part à la rencontre.

29 juillet : Le quotidien *L'Actualité* publie, le 29 juillet, une instruction adressée par le ministre des Affaires religieuses, B. Ghalamallah, aux imams, instruction que *Le Matin* considère comme une « déclaration de guerre aux francophones ». Le ministre s'en prend en effet aux partisans de la laïcité et de l'occidentalisation, formés

---

[34] *La Tribune*, 29 janvier 2001.
[35] *El-Watan*, 27 février 2001.

loin de l'environnement musulman et attribue les difficultés dans les secteurs de l'éducation, de l'administration, de la législation et de la diplomatie à l'« attachement à la langue française et à la marginalisation de la langue arabe » qui y régnerait. Et d'inciter les imams à « sensibiliser les citoyens sur ce danger »[36].

16 octobre : Le gouvernement Benflis signe un décret instituant un Centre culturel islamique national, sous la tutelle du ministère des Affaires religieuses, dont le siège est à Alger. Le projet date de 1972. Sa mission est de « relancer, développer et diffuser la culture islamique et veiller au progrès de la pensée islamique authentique ».

2002

31 janvier : Journée d'étude sur la situation de l'éducation islamique à l'école, organisée par le HCI[37].

Avril : Approbation en conseil des ministres du « rapport Benzaghou » rédigé par la CNRSE.

10 avril : Loi portant révision constitutionnelle. Art. 3 bis : « Le tamazight est également langue nationale. L'Etat œuvre à sa promotion et à son développement dans toutes ses variétés linguistiques en usage sur le territoire national. »

18 octobre : A. Bouteflika assiste à l'ouverture du sommet de la francophonie à Beyrouth, à titre d'invité du président libanais Lahoud.

2003

4 mai : Le ministre de l'Education nationale annonce un projet de réforme comportant l'enseignement du français dès les premières années du primaire.

30 juin : Le Conseil supérieur de la langue arabe organise un colloque de deux jours.

2004

24 mars : Un décret fixe les conditions de création et d'ouverture des établissements privés (en 7 points, dont l'obligation d'enseigner les programmes algériens, sauf autorisation du Ministère de l'Education nationale).

13 juillet : Le ministre de l'Enseignement supérieur et de la recherche Rachid Harraoubia fait état du manque d'enseignants universitaires par rapport au nombre d'étudiants. Selon lui il n'y a pas un seul

---

[36] *Le Matin*, 31 juillet 2001.
[37] *El-Watan*, 2 février 2002.

enseignant de rang magistral pour la langue française à l'Université d'Alger[38].

2005

8 avril : Signature d'une convention entre le Ministère des Affaires étrangères algérien et l'Ambassade de France d'une convention relative à la création d'une école doctorale de français en Algérie sur la base d'un budget de 6,5 millions d'euros. Dans le cadre du système LMD (licence, master, doctorat) le projet vise la formation d'ici à 2008/2009, d'environ 2000 nouveaux enseignants et chercheurs de rang doctoral spécialisés dans la langue française qui se chargeront, à la fin de leur cycle, de la formation de milliers d'enseignants de la langue française dans les universités algériennes. L'application doit se faire à partir de l'année universitaire 2005-2006.

10 avril : A l'occasion de la 2ème conférence des ministres africains de l'Education, le président Bouteflika lance un sévère avertissement aux établissements privés algériens qui veulent échapper à l'arabisation[39]: « Je suis prêt à enseigner le français dès la première année primaire, a-t-il martelé, mais il est tout à fait clair que toute institution privée doit enseigner dans la langue nationale et officielle. Si elles ne se conforment pas à cette règle, elles seront appelées à disparaître. »

3 mai : Le président Bouteflika préside l'inauguration de la 2ème semaine du Saint Coran[40].

26 juin : Lors du conseil des ministres, le président Bouteflika confirme la suppression de la filière des sciences islamiques dans le secondaire décidée précédemment et contestée par le parti islamiste MSP (5 ministres au gouvernement). Il rappelle l'obligation faite aux écoles privées d'enseigner toutes les matières en langue arabe[41].

2006

23 janvier : Le coefficient de l'arabe est revu à la hausse pour la 6e, le BEF et le bac. L'histoire sera enseignée à partir de la 3e année primaire au lieu de la 5e. L'éducation islamique sera examinée au bac à partir de juin 2008. Le volume horaire attribué à l'enseignement de ces trois matières est consolidé.

10 avril : Le président Bouteflika préside l'ouverture de la Semaine du Coran (7ème édition).

---

[38] *El-Watan*, 14 juillet 2004.
[39] *Le Quotidien d'Oran*, 11 avril 2005.
[40] *El-Moudjahid*, 3 mai 2005.
[41] *Le Quotidien d'Oran*, 27 juin 2005.

25 juillet : L'enseignement du français qui avait été rétabli en 2005 à la seconde année de l'enseignement primaire est reporté en troisième année à la rentrée 2007 pour des raisons pédagogiques[42].

28 août : Le ministre Benbouzid annonce que la réforme du système éducatif sera totalement appliquée à la rentrée 2007.

28 octobre : Le coefficient de la langue arabe passe de 4 à 5, faisant de cette discipline la matière dotée du plus fort coefficient lors des examens en Algérie, dépassant ainsi les mathématiques qui ont, de tout temps, constitué le coefficient le plus élevé, toutes matières confondues. De leur côté, les coefficients de l'histoire, l'éducation islamique et l'anglais ont été augmentés également d'un point, pour passer à 2. Les autres matières gardent leurs coefficients initiaux, à savoir 4 pour les maths, 3 pour le français, 2 pour la physique et 1 pour la géographie et l'éducation civique[43].

Références

Achour, Christiane Chaulet (dir.) 2006. *Convergences francophones*, Université de Cergy-Pontoise.

Grandguillaume, Gilbert 1983. *Arabisation et politique linguistique au Maghreb*, Paris, Maisonneuve et Larose.

Grandguillaume, Gilbert 2003. « Les enjeux de la question des langues en Algérie », *in* Robert Bistolfi (dir.), *Les langues de la Méditerranée*, Paris, L'Harmattan : 141-161.

Meynier, Gilbert 2007. *L'Algérie des origines. De la préhistoire à l'avènement de l'islam*, Paris, La Découverte.

Sanaker, John Kristian, Karin Holter et Ingse Skattum 2006. *La francophonie – une introduction critique*, Oslo, Oslo Academic Press.

Seddik, Youssef 2002. *Le Coran. Autre lecture, autre traduction*, La Tour d'Aigues, Editions de l'Aube, Editions Barzakh.

---

[42] *Le Quotidien d'Oran*, 25 juillet 2006.
[43] *Le Quotidien d'Oran*, 28 octobre 2006.

DEUXIEME PARTIE

PROBLEMATIQUES LINGUISTIQUES

L'évolution du français en Afrique noire, pistes de recherche

Ambroise Queffélec

Université de Provence

L'une des pistes possibles que permet d'explorer le thème proposé par les organisateurs de notre colloque est celui d'une réflexion sur le bien-fondé pour un linguiste ou un planificateur linguistique de se prononcer sur le devenir des langues et d'en prévoir les évolutions futures, désastres et extinctions compris. L'expérience invite cependant à la prudence : beaucoup de prévisions sur le devenir du français en Afrique se sont révélées fallacieuses, en particulier lorsqu'elles étaient inspirées par des arrière-pensées idéologiques. Ainsi les pronostics très négatifs de certains idéologues arabo-islamistes sur la disparition à court terme après l'indépendance du français, langue coloniale, en Algérie et sur l'imposition rapide de l'arabe classique comme unique langue nationale au détriment des arabes dialectaux et du berbère ont été largement démentis par l'histoire, même si cette idéologie d'origine islamo-baathiste a largement conditionné la politique d'aménagement linguistique de l'Etat algérien depuis 1962. Inversement, les prévisions très optimistes des démolinguistes de l'Institut de Recherches sur l'Avenir du Français, qui ont publié au cours des années 1980 toute une série de monographies sur le français dans les pays francophones, en faisant des projections à partir des statistiques de scolarisation en français, ont été largement infirmées, beaucoup de paramètres n'ayant pas été pris en compte. Cependant, même des prévisions non influencées par une vision téléologique du linguistique se sont révélées inexactes : ainsi la croyance, bien établie chez les descripteurs dans les années 1980, que le Français Populaire d'Abidjan (appellation dûment enregistrée sous le sigle *FPA*) aboutirait à court terme à un créole de base française, sur le modèle de ce qui s'est produit dans certaines îles de la Caraïbe ou de l'océan Indien, n'a pas reçu de confirmation et c'est la tendance inverse – rapprochement des normes françaises - qui semble avoir prévalu[44].

Aussi, – au moins dans un premier temps – nous essayerons d'examiner les tendances majeures qui caractérisent l'évolution actuelle du français en Afrique noire. Pour cela nous resituerons la période actuelle dans un continuum historique trouvant son *terminus a quo* dans le début de la colonisation, puis nous examinerons les places diverses qu'occupe le français dans les différentes situations linguistiques, nous tenterons de cerner les divers processus qui le traversent du point de vue de sa configuration proprement linguistique avant d'envisager les scénarios les plus probables pour son évolution dans les décennies prochaines.

1. Perspective historique : du français colonial et post-colonial aux français actuels

Si l'on veut essayer de faire un historique du français en Afrique subsaharienne, on s'aperçoit que la ligne de fracture entre le français colonial relativement unifié et le français actuel beaucoup plus diversifié, voire éclaté, ne passe pas par les indépendances et le début des années 1960 mais se situe plutôt au commencement des années 1990, années de l'ouverture des Etats africains au pluripartisme.

1.1. 1870-1990 : le développement d'un français colonial et postcolonial commun

Il est bien sûr arbitraire de faire débuter avec 1870 et l'avènement en France de la troisième République le développement du français en Afrique : la France avait commencé la colonisation de l'Afrique noire bien avant (son implantation au Sénégal date du XVIIe siècle) mais la conquête massive de l'hinterland débute dans les années 1870 et ne s'achève qu'au début du XXe siècle (défaite du sultan tchadien Rabah en 1900, soumission du Ouaddaï en 1911). Quant à la Belgique, elle n'acquiert son immense colonie d'Afrique

---

[44] C'est ce qui ressort du moins des conclusions de la thèse très documentée de Katja Ploog (2002 : 251). La partition de fait que connaît depuis plusieurs années le pays entre Nord – qui utilise plutôt le dioula comme véhiculaire – et Sud – où le français est le principal véhiculaire – risque d'avoir des conséquences difficilement évaluables actuellement sur le devenir et la configuration des diverses langues en présence.

centrale qu'en 1907, grâce au legs de son souverain Léopold II, propriétaire personnel de l'Etat libre du Congo... Il faudra d'ailleurs attendre la fin de la Première Guerre mondiale pour que les pays jusque-là colonisés par l'Allemagne impériale passent sous mandat français (Togo, Cameroun) ou belge (Rwanda-Urundi). Malgré les différences entre les projets coloniaux des deux Etats colonisateurs francophones (politique française d'assimilation ou plutôt d'association, *versus* politique belge de gouvernement indirect laissant beaucoup de pouvoirs aux chefferies locales), malgré leurs politiques linguistiques différentes (politique de francisation à outrance de la France *versus* politique de plurilinguisme de la Belgique plus encline à développer les langues africaines que l'une des deux langues de la métropole), malgré les différences de statut des pays soumis (colonies « de plein droit » *versus* pays sous mandats confiés par la SDN. puis par l'ONU), l'expansion et la forme du français colonial présentent de grandes similitudes : acquisition d'abord sur le tas au début de l'ère coloniale (d'où la création d'un français pidginisé parlé par les Africains en contact professionnel avec les colonisateurs) puis, par la suite (à partir de 1920) apprentissage guidé par voie scolaire mais réservé à une élite drastiquement sélectionnée par une institution malthusienne : sur le plan linguistique cette période a vu se créer un français colonial parlé par les Européens vivant sur place et par les « évolués »[45] africains : cette variété de français se différencie de la variété standard essentiellement par la prononciation et le vocabulaire[46]. Pour les Africains, le français reste une langue étrangère et même chez les intellectuels, son maniement reste peu naturel et sa forme proche de la langue écrite châtiée : comme le note Balandier en 1955 (2e éd. 1985 : 222) : « Dès l'instant où le français n'est plus un instrument servant aux relations simples, quotidiennes, il paraît marqué essentiellement par son caractère de langue apprise d'une manière scolaire. Il y a quelque chose de schématique, d'artificiel, dans l'usage qu'en fait cette élite étudiante. Les mots n'ont pas l'épaisseur que nous leur connaissons ».

Le soleil des indépendances du début des années 1960 ne changera pas vraiment la situation linguistique. Du point de vue politique, les nouveaux gouvernants qui dirigent les pays, le plus souvent dans le cadre d'un parti unique, sont issus de l'élite francophone et ont été formés dans l'administration, les églises ou les armées coloniales. Ils maintiennent tous le français comme langue officielle et comme unique langue d'enseignement.

---

[45] Tel était le nom donné aux membres de la classe constituée de fonctionnaires du gouvernement et des sociétés commerciales, des infirmiers et des assistants médicaux, des enseignants, des prêtres, des petits et grands séminaristes, des hommes d'affaires.
[46] La description qu'en donne Raymond Mauny (1952) est à cet égard représentative.

La diglossie, français variété de prestige / langues africaines variétés basses, se voit entérinée et même renforcée, les proclamations en faveur de la réhabilitation des langues africaines se limitant à des déclarations de principe non suivies d'effet[47]. Sur le plan des effectifs des locuteurs francophones, la massification de l'école qui touche désormais des pourcentages importants d'enfants en grevant le budget des jeunes Etats, entraîne une expansion rapide du nombre de francisants, qu'on ne saurait appeler tous francophones en raison des performances contrastées de l'institution scolaire africaine. La démographie galopante, l'exode rural important, l'urbanisation croissante, la modernisation de l'économie, les changements culturels marqués par l'« occidentalisation » des comportements entraînent parallèlement un changement des paysages linguistiques. Les langues ethniques, symbole de l'attachement à un terroir ou à une « tribu », reculent au profit des langues véhiculaires africaines nationales ou transnationales et des langues « internationales » comme le français ou l'anglais. Celles-ci, par contrecoup, s'africanisent et il se développe, dans le prolongement du français colonial, une variété régionalisée de français qui affirme surtout sa spécificité au niveau de la phonétique et du lexique. L'*Inventaire des particularités lexicales du français en Afrique noire,* publié en 1983, rend compte partiellement de cette régionalisation lexicale d'un français qui reste assez homogène sur tout le continent, en raison de sa référence constante au français exogène, celui des ex-métropoles, point de repère obligé en matière de « bon français » dans les institutions, dans la presse ou à l'école.

1.2. 1990-2004 : la diversification des français africains

Le début des années 1990 semble, pour nous, marquer un tournant dans l'évolution du français et des situations linguistiques africaines : il correspond au paroxysme de la crise multidimensionnelle qui frappe les sociétés africaines : crise économique très grave dont le signe le plus visible est la dévaluation du franc CFA ; le changement de parité (division par 2) avec la monnaie de l'ancienne métropole atteint de plein fouet les populations (paupérisation, chômage, famine, précarité, etc.) et affaiblit le rôle des Etats incapables de faire face à leurs responsabilités en matière de politique de sécurité, de santé, d'éducation, etc. Cette crise économique sans

---

[47] Pas plus dans les pays « socialistes » (Congo-Brazzaville, Dahomey devenu Bénin, ou Burkina Faso), que dans les pays libéraux mais nationalistes comme l'ex-Congo belge devenu Zaïre, le Tchad ou le Togo, les proclamations d'africanisation linguistique de l'enseignement et de l'Etat ne se sont réellement concrétisées. La Guinée, le seul pays qui ait introduit à grande échelle l'emploi des langues africaines dans l'enseignement primaire, opère en 1984, à la mort de Sékou Touré, un revirement à 180 degrés, en supprimant totalement les langues africaines dans le cursus scolaire.

précédent se double de crises politiques : sous la pression des bailleurs de fonds internationaux, les gouvernants aux abois, souvent sans réelle légitimité, sont obligés de s'ouvrir à la démocratie : conférences nationales, pluripartisme, élections « démocratiques », libéralisation de la presse, etc. Cette ouverture qui déstabilise des pouvoirs autocratiques entraîne fréquemment de violents affrontements voire des guerres civiles, particulièrement en Afrique centrale (Burundi, Centrafrique, Congo, Rwanda, Tchad, Zaïre) mais aussi en Afrique de l'Ouest (Côte d'Ivoire, et pour la zone anglophone, Libéria, Sierra Leone).

Cet appauvrissement généralisé et ces conflits entraînant des déplacements de populations ne vont pas sans bouleverser la situation des langues ; les langues ethniques ou les véhiculaires régionaux pâtissent de l'exacerbation des rivalités ethniques ou régionales : leur emploi en dehors du groupe ethnique ou de la région est de plus en plus connoté négativement : dans l'esprit de ceux qui ne les connaissent pas, leur usage peut passer comme signe de « tribalisme » (et de son cortège d'attributs : étroitesse d'esprit, népotisme, préférence partisane, endogamie)[48]. Leurs locuteurs hésitent à les employer en public, surtout quand leur usage est associé à celui d'un leader politique vaincu[49]. Au contraire les véhiculaires nationaux (lorsqu'ils sont parlés par la quasi-totalité de la population, comme le sango en Centrafrique) ou la langue officielle qu'est le français bénéficie de leur statut de « langue neutre ».

Par ailleurs, l'affaiblissement du système éducatif, voire sa quasi- faillite, lié à des causes multiples (démobilisation et absentéisme des enseignants appauvris par le non-paiement de leurs salaires, grèves à répétition des maîtres ou des élèves entraînant des « années blanches », absence de formation ou de recyclage des professeurs d'école ou de lycée, absence des matériels didactiques et des livres de base, manque de motivation des apprenants et de leurs parents désabusés par le chômage endémique des jeunes diplômés, etc.) entraînent de graves perturbations dans l'apprentissage du français, principal ou unique vecteur d'enseignement.

---

[48] Dans des conflits urbains récents (Bangui, Brazzaville, etc.), les miliciens, qui gardaient les postes de contrôle (les « bouchons » dans la terminologie locale) dressés à l'entrée des quartiers « épurés » ethniquement, interrogeaient « en langue » ou « en patois » (c'est-à-dire en langue ethnique) les entrants ou sortants pour s'assurer qu'ils appartenaient bien à la bonne ethnie et n'étaient pas des adversaires « infiltrés » : gare à ceux qui ne la parlaient pas ou avaient un mauvais « accent ».
[49] Ainsi, le recul récent du kituba (« langue du chemin de fer ») à Brazzaville comme véhiculaire interethnique résulte assurément de la corrélation que ses utilisateurs potentiels établissent entre cette langue et le régime de l'ancien président Pascal Lissouba.

2. Les variations de la place du français dans le marché linguistique : pays côtiers *versus* pays de l'intérieur ?

Du point de vue macrosociolinguistique, le français connaît une diversification de ses statuts et de ses usages, même si celle-ci est masquée par le maintien de son officialité dans les Constitutions des Etats qui, pour la plupart, accordent cependant une certaine reconnaissance aux langues véhiculaires africaines en leur attribuant l'appellation ambiguë de « langues nationales ». Par delà ces analogies de surface, la situation du français connaît de grandes variations :

- dans les pays (les plus nombreux : groupe 1) qui possèdent une langue africaine de grande extension qui sert de véhiculaire sur l'ensemble du territoire national, le champ fonctionnel du français se trouve limité : il conserve certes son statut de langue d'ouverture sur l'extérieur et de langue d'accès à la modernité mais il se voit concurrencé fortement par la langue africaine de grande extension : tel est le cas de la plupart des pays de l'hinterland sans ouverture sur la mer, comme le Burundi, le Centrafrique, le Mali, le Niger, le Tchad, le Rwanda où respectivement le kirundi, le sango, le bambara, le haoussa, l'arabe, le kinyarwanda tendent à couvrir majoritairement, voire presque intégralement, le champ de la communication nationale. Le rôle du français y est d'autant plus limité que pour des raisons tant historiques (colonisation plus tardive et faible investissement des puissances coloniales dans le développement du français) qu'économiques (taux de scolarisation réduit même après l'indépendance pour des raisons budgétaires), le nombre d'adultes ou d'enfants scolarisés est resté peu élevé. Aussi, le français, appris essentiellement dans le cadre de l'institution scolaire, n'est maîtrisé que par un nombre limité d'intellectuels ou de moyens lettrés qui l'utilisent essentiellement à l'écrit et dans des situations formelles à l'oral. Fonctionnellement, il possède un statut de langue étrangère privilégiée, ce qui ne le met pas à l'abri d'un éventuel évincement par une autre langue internationale comme l'arabe[50] ou l'anglais[51].

---

[50] On pense bien sûr ici à la Mauritanie et à la politique d'arabisation forcée des populations noires parlant des langues africaines autochtones (wolof, poular, soninké) menée depuis l'indépendance par les différents pouvoirs. Pour le détail de ce lent et inexorable processus, cf. Queffélec et Ould Zein 2001 : 29-41.

[51] Le cas du Rwanda est à cet égard exemplaire du faible degré de francisation de ce type de pays et de la fragilité du fait francophone : la victoire du Front Patriotique Rwandais et de ses troupes composées surtout de Tutsis anglicisés à la suite de leur exil en Ouganda a entraîné le remplacement de la majorité des cadres francophones du pays par des cadres anglophones. L'attrition de la francophonie dans cet Etat est d'autant plus marquée que les nouveaux gouvernants reprochent à la France sa complaisance à l'égard du gouvernement « génocidaire » précédent.

Formellement, ce français ne se spécifie que par des enrichissements de nature lexicale et plus rarement morphosyntaxique.

- inversement, dans les pays (groupe 2) qui connaissent une balkanisation linguistique élevée et où il n'y a pas de langue africaine de grande diffusion, le français est amené à jouer un rôle sans cesse croissant au détriment des langues ethniques ou même des langues véhiculaires d'extension régionale : c'est le cas de certains pays côtiers comme le Cameroun (248 unités-langues dont 9 langues véhiculaires de diffusion régionale), le Congo-Brazzaville (72 langues relevant de 4 familles distinctes, dont 2 langues véhiculaires d'extension régionale), le Gabon (une cinquantaine de langues réparties dans une dizaine de sous-groupes), la Côte d'Ivoire (4 grands groupes linguistiques avec 2 véhiculaires nationaux dont une variété pidginisée de français). Dans ces pays, la véhicularisation, voire la vernacularisation du français a été favorisée en outre par des raisons historiques (scolarisation importante en français dès l'époque coloniale grâce en particulier aux missions chrétiennes) et économiques (présence d'une communauté immigrée importante en Côte d'Ivoire et au Gabon). Fonctionnellement, les fonctions que le français est appelé à remplir sont multiples, comme le montre pour le Cameroun Louis Martin Onguene Essono (1999 : 298) :

> Le français est dans notre pays, comme sans doute nulle part
> ailleurs, langue maternelle et langue seconde, langue officielle et
> langue étrangère, langue nationalitaire ou nationale et langue de
> scolarisation.

Bien sûr, la dichotomie que nous présentons ici offre une certaine schématicité : il existe des Etats qui connaissent une situation intermédiaire, comme par exemple le Burkina Faso, où l'expansion du français a pu être favorisée par le retour d'une population immigrée en Côte d'Ivoire, ou le Sénégal qui, pour des raisons historiques (colonisation ancienne, taux de scolarisation importante) a réservé un accueil privilégié au français en dépit du développement constant du wolof au détriment des autres langues africaines.

Ces différences dans le corpus du français (pour reprendre la terminologie de Robert Chaudenson) ne manquent pas d'affecter les représentations auxquelles donne lieu la langue officielle.

3. Les variations des représentations : du français langue étrangère au   français langue africaine

Dans les pays du groupe 1, où il joue un rôle réduit dans la communication nationale, le français est perçu comme une langue étrangère privilégiée : c'est une langue étrangère parce qu'un nombre infinitésimal de nationaux l'ont acquis comme langue première[52] et parce que la grande majorité de la population ne le connaît pas du tout. Selon l'*Atlas de la langue française (*Rossillon 1995)[53] dont les évaluations sont considérées comme plutôt optimistes quant à l'emploi du français, l'évaluation du pourcentage de locuteurs de 15 ans et plus ne parlant pas le français dépasse les 80 % au Burkina Faso (85 %), en Guinée (82 %), au Mali (87 %), au Niger (84 %) et se situe entre 60 % et 80 % au Bénin (66 %), au Burundi (77 %), en Centrafrique (68 %), à Djibouti (68 %), en Mauritanie (78 %), au Rwanda (70 %), au Sénégal (68 %), au Tchad (76 %).

Cette langue étrangère n'en est pas moins privilégiée par ce qu'elle bénéficie dans l'appareil étatique et dans l'enseignement en particulier d'un statut de vecteur unique ou préférentiel. L'appellation de langue seconde qu'on lui accorde parfois peut sembler bien flatteuse car elle n'est seconde que pour une minorité de la population ; 10 % tout au plus pour les pays que je viens de citer. L'appropriation dont elle est l'objet est donc réduite, voire nulle car la majorité de la population ne s'y reconnaît pas : elle est perçue comme la langue des étrangers (la langue du colonisateur pour les plus vieux, la langue du Blanc pour les plus jeunes, la langue des impies pour les musulmans intégristes) ou comme la langue des puissants, de ceux qui bénéficient d'un statut social élevé et qui se servent de la connaissance du français pour maintenir leurs privilèges. Objet de désir (pour les avantages qu'elle procure), elle est aussi objet de répulsion car inaccessible en pratique.

En revanche, dans les quelques pays qui relèvent du groupe 2, le rapport du français change dès lors qu'il est devenu un instrument quasi obligé de la communication nationale. Du fait qu'il est acquis non seulement par la voie scolaire mais aussi de plus en plus fréquemment « sur le tas », au hasard des rencontres, des activités ludiques ou professionnelles, son image s'est transformée : il fait l'objet d'une appropriation réelle d'un nombre de plus en plus important d'usagers qui le considèrent comme un élément parmi d'autres de leur identité personnelle ou nationale. Dès 1985, Augustin Niangouna relevait pour le Congo-Brazzaville :

---

[52] Ainsi dans la grande enquête sociolinguistique menée en Guinée à la fin des années 1990 par des équipes regroupant des chercheurs des universités de Besançon et de Conakry, dans le cadre du projet Campus (1998-2001), à la question « quelle est votre langue première ? », un pour cent seulement des répondants citaient le français (Balde 2002 : 281).

[53] Données statistiques pp. 81-89.

Le goût de la langue et de la culture françaises fait désormais partie intégrante de l'être moral et psychologique du Congolais. Nous avons acquis de nouvelles mentalités. Nous ne sommes pas sûrs de nous en défaire très tôt. Celles-ci participent à l'activité intellectuelle et orientent nos comportements. Rares sont les intellectuels qui pensent en leur langue et s'expriment en français. Même entre amis de source ethnique commune, les Congolais parlent français. La distinction fait place à la spontanéité. [...] Il est ainsi fondé de soutenir que le français est désormais la langue véhiculaire et celle de l'unité nationale (Niangouna 1985 : 190).

Cette appropriation en est arrivée à un point tel que pour beaucoup d'usagers, en particulier les jeunes, le français est devenu leur langue nationale. Ce n'est donc pas un hasard si S. Lafage (1996) intitule sa contribution à un ouvrage général sur les situations de francophonie « La Côte d'Ivoire : une appropriation nationale du français » ou si des linguistes camerounais appellent leur ouvrage collectif *Le français langue africaine* (Mendo Ze 1999).

4. Les variations du code lui-même

Le changement de statut du français et l'appropriation à laquelle il donne éventuellement lieu ne manquent pas d'avoir des conséquences sur la forme même que peut prendre le français. Dans les pays du groupe 1, il existe un continuum entre les variétés hautes dites acrolectales et proches de la norme de référence, les variétés médianes dites mésolectales qui ont tendance à se constituer en normes endogènes, enfin des variétés basses dites basilectales plus ou moins pidginisées. Dans les pays du groupe 2, les choses sont encore plus complexes puisque sur le continuum acrolecte/mésolecte/basilecte viennent se greffer d'autres variétés de type argotiques surtout employées par les jeunes avec un fort métissage interlinguistique : camfranglais du Cameroun qui mêle français camerounais, anglais et pidgin english, nouchi de Côte d'Ivoire, hybridation de variété populaire de français ivoirien (le fameux FPI) et des langues ivoiriennes, en particulier le dioula véhiculaire.

Même si on se limite aux variétés mésolectales qui font désormais autorité au niveau local et qui sont considérées comme non marquées socialement[54], on s'aperçoit qu'elles sont traversées de grandes tendances évolutives qui en font la singularité.

---

[54] Les Africains, même intellectuels, évitent d'utiliser en situation informelle les variétés proches de la variété hexagonale car ils seraient vite « indexés » d'être des « Blancs-Noirs », des « un pied dedans, un pied dehors ». Divers mots péjoratifs

4.1. Fonctionnalisation

Fossilisations d'interlangues, les français endogènes mettent en jeu un certain nombre de mécanismes et de pratiques linguistiques compensatoires qui visent à pallier ou à masquer l'inachèvement de l'apprentissage du français langue seconde : ils exploitent prioritairement certaines structures de la langue-cible bien connues, au détriment d'autres, sous-activées ou laissées en déshérence.

Cette fonctionnalisation se manifeste par exemple dans la construction d'un système verbo-temporel spécifique qui actualise surtout les modes indicatif et quasi nominaux (infinitif en tant que constituant de périphrase verbale et participe passé en tant que forme auxiliée) et développe à l'intérieur de l'indicatif le présent morphologique. La combinaison de ces modes et de ce tiroir permet de signifier aussi bien les époques présentes que passées (grâce au passé composé ou à sa variante périphrastique très courante *avoir à* + infinitif) ou futures (périphrase *aller* + infinitif). Sans doute cette simplification du système verbo-temporel (qui n'exclut pas que certains locuteurs développent des formes formellement plus complexes) peut-elle s'expliquer par une stratégie d'évitement d'une morphologie perçue à juste titre comme irrégulière et donc difficile à manier. Elle ne contredit pas le fonctionnement du système français dont elle se contente de surexploiter certaines virtualités : ainsi le suremploi (panafricain) du déictique *-là* en position post-nominale, qui permet d'actualiser commodément le substantif, tout en respectant les règles de la langue-cible, est abondamment utilisé. À un autre niveau, l'usage préférentiel - sinon exclusif - du style direct pour exprimer le discours rapporté - avec des anacoluthes déroutantes pour le francophone natif - permet d'éviter les transpositions de temps et de personnes qu'implique l'usage du style indirect, et ce sans dénaturer le message.

Cette fonctionnalisation se marque aussi par la tendance à la généralisation des règles de la langue-cible sans prise en compte des exceptions : ainsi, en matière de valence verbale, la construction directe aprépositionnelle est étendue à des verbes qui se construisent avec préposition (type *enseigner les enfants*); de même, pour les verbes dont la combinatoire implique des prépositions, les normes locales suremploient les prépositions *avec* ou *pour* plus faciles à interpréter sémantiquement que les prépositions plus ténues *de* ou *à* (*ce livre est pour Paul* au sens de " est à" / "appartient à ").

---

existent d'ailleurs en français local pour railler ceux qui parlent à la parisienne et qui sont pris à *chocobiter* (Burkina Faso, Côte d'Ivoire) ou à *gorger* (Gabon).

4.2. Hypertrophie de certaines structures du français scolaire écrit

Les normes locales portent la marque d'un apprentissage surtout scolaire du français qui, fût-il inachevé, fait la part belle au code écrit. Elles tendent à développer même à l'oral certaines des structures du français écrit que l'institution scolaire a léguées aux apprenants. Ainsi s'explique le maintien très fréquent (statistiquement largement supérieur à ce qu'on observe en français oral européen) de l'adverbe *ne* comme signe de la négation verbale : même en situation informelle, cet indice négatif clitique reste présent dans le discours parlé africain, là où il a largement disparu en français hexagonal. L'école n'est sans doute pas non plus étrangère à la sur-activation ou à la sous-activation de certains dispositifs. La rareté de la pseudo-clivée (type *ce que j'aime, c'est mon pays)* s'explique sans doute par son non-apprentissage à l'école, la grammaire scolaire ayant du reste beaucoup de mal à intégrer dans le cadre de l' "analyse logique " traditionnelle les divers constituants du dispositif pseudo-clivé. Inversement, d'autres dispositifs comme le double marquage (type *les cours, ils commencent la semaine prochaine)* sont très présents, car largement enseignés dans le cursus scolaire.

4.3. Porosité aux langues du substrat

Les normes locales, relativement permissives, subissent l'influence des langues en contact et des véhiculaires africains dominants. Elles recèlent donc des interférences et des calques nombreux : ainsi des syntagmes comme *ne plus avoir d'yeux pour le sommeil* " être soucieux au point d'en perdre le sommeil " (Guinée) ou *penser dans sa tête* " réfléchir, méditer " (Togo), sont des calques directs, respectivement du poular ou de l'éwé. De même, des différences dans la diathèse verbale observées dans le français de Centrafrique telles *il assit sous un grand arbre* ou *son chien promène dans la forêt* ne peuvent s'expliquer que comme des calques des énoncés sango correspondants, tout comme l'usage déviant des prépositions dans *il n'a pas réalisé à sa promesse,* calque de *lo sala yé ti jéndo ti lo ape (ti =* " à ").

Plus subtilement, un certain nombre d'écarts résultent d'influences moins visibles, relevant de ce que Gabriel Manessy appelait la sémantaxe, c'est-à-dire de « manières africaines de voir les choses et de catégoriser l'expérience » ; cette sémantaxe affecterait « les processus cognitifs qui président à la mise en forme et à l'organisation de l'énoncé » (1994 : 87) et interviendrait à un niveau plus profond, celui où l'expérience est conceptualisée ; elle serait responsable d'un certain nombre de « décalages » affectant par exemple l'expression de la comparaison, la distinction entre dynamique et statique (*j'ai marché jusqu'à fatigué*), le pluriel par extension (*les Alain nous disaient que...*), le remplacement d'un verbe de parole par un *que* entre un procès et un discours rapporté, l'emploi de séries verbales (*il a grimpé, volé, couru* …), etc.

5. Conclusion : *scénarios* possibles pour un devenir futur

Jusqu'à présent, nous avons évoqué les tendances évolutives qui caractérisent *actuellement* le français en Afrique. Il est tentant de faire une prospective et de pronostiquer son devenir ultérieur. Le chemin a d'ailleurs été tracé par d'autres et pas plus tard que la semaine dernière, lors des journées scientifiques de Ouagadougou, Zachée Denis Bitjaa Kody (2004) proposait, à partir d'un modèle d'étude de la vitalité des langues, un calendrier de l'évolution linguistique de son pays en annonçant l'attrition progressive et la mort définitive des langues ethniques pour 2250 … Nous nous montrerons ici plus prudent, mais le scénario le plus probable que l'on peut construire à partir de la situation actuelle est celui d'une évolution distincte du français dans les deux zones africaines que nous avons cru pouvoir distinguer :

- dans les pays du type 1, le français langue étrangère privilégiée est en danger : faiblement implanté, et bénéficiant d'avantages statutaires assez artificiels en décalage profond avec son corpus réduit, il se trouve menacé par le développement des langues véhiculaires nationales ou transnationales que certains pays ont choisi d'introduire *effectivement* dans le système éducatif, jusqu'alors le principal bastion du français : tel est le cas du Mali, du Niger, du Burkina Faso, etc., où l'introduction des langues nationales dans les premières années de l'enseignement est en cours (même si en théorie cette introduction vise à mieux assurer la scolarité ultérieure qui serait dévolue majoritairement au français). Menacé par les langues du substrat, il l'est surtout par les langues de l'adstrat : l'anglais tout d'abord pour des pays comme la République démocratique du Congo, le Rwanda, le Burundi, Madagascar, où les raisons d'efficacité économique et la proximité des grands pays de l'aire anglophone contiguë (en particulier l'Afrique du Sud) jouent en faveur de la langue de la globalisation. L'arabe ensuite qui bénéficie en particulier dans les pays sahéliens (Mauritanie, Mali, Niger, Tchad, voire Sénégal) d'un renouveau lié à la diffusion des thèses fondamentalistes islamiques.

- en revanche, dans les pays du type 2, le français, en s'africanisant et en se vernacularisant, subit, comme les autres langues véhiculaires, des poussées centrifuges qui l'éloignent de la norme de référence avec une force d'autant plus grande que l'institution scolaire est elle-même en déclin. Des français régionaux, voire des parlers nouveaux autonomes, de base partiellement française, pourront voir le jour et se développer selon une logique propre : ce scénario semble devoir se développer dans certains pays comme la Côte d'Ivoire, le Cameroun, le Gabon ou le Congo-Brazzaville.

Attrition voire disparition d'une part (évolution du type indochinois où le français a disparu au profit des langues locales et de l'anglais), formation de nouvelles langues sans doute hybrides de base française, voilà les hypothèses les plus probables concernant l'avenir du français en Afrique, à moins que des bouleversements imprévisibles ne viennent réduire à néant nos spéculations.

Réferences

Balandier, Georges 1985. *Sociologie des Brazzavilles noires*, Paris, Presses de la Fondation nationale des sciences politiques (1e éd. 1955).

Balde, Amadou 2002. *Les Politiques éducatives et linguistiques appliquées en Guinée et leur implication dans la didactique de la langue française*, Thèse de Doctorat, Université de Besançon.

Bitjaa Kody, Zachée Denis 2004. « Pour une mesure de la viabilité des petites langues », *in Penser la francophonie ; concepts, actions et outils linguistiques. Actes des Premières journées scientifiques des réseaux de chercheurs concernant la langue, Ouagadougou 31 mai-1er juin 2004*, Montréal, Agence Universitaire de la Francophonie, 45-58.

Busugutsala Gandayi Babudisa 2002. *Politiques éducatives au Congo-Zaïre, de Léopold II à Mobutu*, Paris, L'Harmattan.

Inventaire des particularités lexicales du français en Afrique noire 1983. Ed. par l'Equipe IFA, Québec, AUPELF-ACCT.

Lafage, Suzanne 1996. « La Côte d'Ivoire : une appropriation nationale du français », *in* Didier de Robillard et Michel Beniamino (dirs.), *Le Français dans l'espace francophone*, Paris, Champion, Vol. 2, 587-602.

Manessy, Gabriel 1994. *Le Français en Afrique noire. Mythe, stratégie, pratiques*, Paris, L'Harmattan.

Mauny, Raymond 1952. « Glossaire des expressions et termes locaux employés dans l'ouest africain », *Bulletin de l'Institut Français d'Afrique Noire*, XV, série B, 2, 38-60.

Mendo Ze, Gervais (dir.) 1999. *Le Français langue africaine, Enjeux et atouts pour la francophonie*, Paris, Publisud.

Niangouna, Augustin 1985. « L'influence du français sur les langues congolaises », *Cataractes*, No. 1, 183-192.

Onguene Essono, Louis Martin 1999. « Les statuts du français au Cameroun, essai de description des situations réelles du français au Cameroun », *in* Mendo Ze (dir.), 285-299.

Ploog, Katja 2002. *Le Français à Abidjan. Pour une approche syntaxique du non-standard*, Paris, CNRS-Editions.

Queffélec, Ambroise et Bah Ould Zein 2001. « La 'longue marche' de l'arabisation en Mauritanie », *Le Français en Afrique*, 15, 29-41.

Rossillon, Philippe (dir.) 1995. *Atlas de la langue française*, Paris, Bordas.

La francophonie vue de la rue:
le système de détermination en français
abidjanais (Côte d'Ivoire)

Anne Moseng Knutsen

Université d'Oslo

Introduction

La Côte d'Ivoire représente un cas particulièrement intéressant pour la francophonie linguistique africaine. La société ivoirienne est plurilingue et complexe : les quelque soixante langues ivoiriennes y coexistent avec les langues venues avec l'immigration des pays voisins et le français, la seule langue ayant un statut officiel et, partant, profitant d'un support institutionnel. A la différence de la plupart des anciennes colonies françaises en Afrique de l'Ouest, la Côte d'Ivoire se caractérise par un taux important de francophones réels, c'est-à-dire des locuteurs qui sont susceptibles de se servir du français en dehors des domaines officiels. En effet, dans une enquête portant sur l'usage du français et des langues africaines dans un contexte urbain à Abidjan (Knutsen 2007), il apparaît que 95% des interrogés se servent du français dans le contexte familial, au détriment d'une langue africaine. L'apprentissage du français par des locuteurs non ou peu scolarisés a donné naissance à des restructurations linguistiques importantes. Le nombre toujours croissant de déscolarisés et de diplômés chômeurs gagnant leur vie sur le marché économique informel renforce l'acquisition informelle (non institutionnelle) du français et partant, la restructuration linguistique. Parallèlement à l'acquisition non institutionnelle du français par les non scolarisés et les déscolarisés, le français s'acquiert de plus en plus souvent comme langue première à Abidjan, ce qui donne lieu à l'établissement progressif de normes endogènes, caractérisées par des restructurations dans tous les domaines du système linguistique, dont le système de détermination, qui est le thème de cet article.

Dans une description sommaire du *Français Populaire d'Abidjan*, désormais le FPA (le nom qu'on donnait au français abidjanais dans les années 70 et 80), Valdman (1978 : 44) fait état d'un système d'actualisation élaboré évoquant les traits des parlers franco-créoles. Ce système se caractérise par l'emploi de postpositions puisant dans le système pronominal français : *lé frubit-leur* 'les fruits', *lé frubit-ça* 'ce fruit-là', *lé frubit-là* 'le fruit, ce fruit', etc. Quelques années plus tard, Hattiger arrive à une conclusion plus timide et parle, à propos du FPA, d'« un embryon de système d'actualisation du nom » (1983 : 287).

Que sait-on du système d'actualisation du français abidjanais actuel, si système il y a ? « L'embryon de système » attesté par Hattiger s'est-il transformé en système autonome pendant les vingt ans qui séparent son enquête de la nôtre ? Dans ce qui suit, nous nous proposons donc d'étudier le système de détermination du français abidjanais actuel en nous basant sur des données recueillies à Abidjan en 1999, provenant d'entretiens avec 45 locuteurs de profils sociolinguistiques différents quant au niveau de scolarisation, à la langue première et à l'âge. Malgré leurs profils sociolinguistiques différents, les locuteurs ont en commun le fait d'appartenir au marché informel de l'économie ivoirienne - comme cireurs, chauffeurs et commerçants de tous genres. Dans ce contexte oral, où la pression normative du standard est faible ou non existante, sont nées des *normes endogènes* du français, variant aussi bien sur un axe social que sur un axe géographique. Dans ce qui suit, nous étudierons une partie de la syntaxe de la variété ivoirienne : le système de détermination.

1. La détermination : quelques définitions

Le déterminant est défini comme « le mot qui doit nécessairement précéder un nom commun pour constituer un groupe nominal bien formé » (Riegel *et al.* 1994 : 151 *sqq.*). Il porte les marques du genre et du nombre du nom et l'actualise sémantiquement lors de son passage de la langue au discours, du général au particulier. Le déterminant spécifie ainsi si la notion lexicale renvoie à des entités massives ou comptables, saisies de manière singulière ou plurielle, partitive ou globale, etc. Les déterminants se répartissent en deux grandes classes : les déterminants définis (l'article défini, l'article démonstratif, l'article possessif) et les déterminants indéfinis (l'article indéfini et l'article partitif). Selon Riegel *et al.* (*op.cit.* : 153), la différence d'emploi entre ces deux classes trouve son explication dans l'opposition sémantique fondamentale des groupes nominaux (GN) défini et indéfini : le GN défini fait référence à des individus identifiables par le récepteur à partir de la classe représentée par le nom et son expansion, alors que le GN indéfini désigne des individus quelconques de cette classe sans permettre leur identification univoque. En emploi générique, le GN peut faire référence à l'ensemble d'une classe.

Nous partons des catégories du français standard afin de mettre en évidence les différences d'emploi entre les deux variétés. Cette étude de la détermination sera ainsi centrée autour des oppositions essentielles singulier - pluriel, masculin - féminin et défini - indéfini, afin de mettre au jour la manière dont elles s'articulent dans cette variété, aussi en ce qui concerne les cas d'omission des déterminants. Nous étudierons successivement l'article défini, les articles indéfini et partitif et enfin le marqueur *là*, considéré comme un déterminant entre autres par Hattiger (1983).

2. Le système de détermination du français abidjanais

2.1 L'article défini

Dans notre corpus, toutes les formes de l'article défini sont attestées. Les marques du genre grammatical, disparues dans les créoles, sont dans une large mesure maintenues en français abidjanais ; la distinction du genre semble surtout dépendre de la compétence individuelle du locuteur et nous n'observons aucun nivellement systématique au profit du déterminant masculin, comme c'est le cas pour les créoles. Nous notons cependant que l'article défini n'est pas toujours amalgamé aux prépositions *à* et *de* (1-2) et que l'article défini est souvent agglutiné au nom. L'article défini n'a dans ce cas aucune fonction déterminative mais fait partie du nom (3) :

(1) Avant [...] si quelqu'un est décédé, les gens s'en vont jouer balafon, donnent l'argent à les hommes qui jouent balafon là, tam-tam (H29Sénoufo1)[55]

(2) Mais ce que je n'aime pas, les vagabonds qui vont aller enceinter les filles de les gens, ils n'ont même pas cinq francs (H29Sénoufo1)

(3) Moi, je paye pas son l'eau (H22Dioula0)

---

[55] Les locuteurs sont présentés comme suit : Sexe, Age, Langue première, Niveau de scolarisation (0 : sans scolarisation, 1 : niveau de scolarisation inférieur au *Certificat d'Etudes Primaires et Elémentaires* (CEPE), 2 : niveau de scolarisation inférieur au *Brevet d'Etudes du Premier Cycle* (BEPC), 3 : niveau de scolarisation supérieur au BEPC).

Notons que *même* semble avoir pris la fonction de déterminant défini, il ne requiert pas la présence d'un déterminant supplémentaire pour désigner un référent défini. Cet emploi caractérise surtout la frange basilectale du corpus :

>(4)   C'est même problème on avait parlé un peu là (H25Dioula1)
>(5)   Maintenant, quand tu arrives sur la fac, les camarades et toi, vous n'êtes pas même chose (H22Dioula3)

Dans notre corpus, nous observons une forte tendance à la généralisation de l'article défini. Par « généralisation » de l'article défini, nous entendons l'usage de l'article défini dans des cas où le contexte suggère une interprétation indéfinie du référent, c'est-à-dire des cas où il est difficile d'attribuer une valeur anaphorique (même associative) au déterminant défini, soit :

>(6)   Y avait les voleurs, ils ont passé devant moi-même (H19Dioula0)
>(7)   Donc c'est un gars, il avait un peu, donc il donnait souvent les cadeaux aux gens (H32Dioula2)
>(8)   On voit que la Côte d'Ivoire se cantonne seulement en foot, qui ne donne pas suffisamment les résultats, hormis [...] la Coupe d'Afrique (H23Baoulé3)

Dans ces cas, l'interprétation indéfinie s'impose dans la mesure où les référents (*voleurs*, *cadeaux* et *résultats*) ne sont ni introduits dans le co-texte, ni dans le contexte de l'énonciation pris dans un sens large (y compris les présuppositions inhérentes à celui-ci). Dans ce genre d'emploi, il semble que le déterminant défini ait perdu son contenu référentiel et par conséquent sa valeur anaphorique, se trouvant réduit à la seule fonction de marquer formellement la présence d'un nom, la catégorie du nombre et, éventuellement, celle du genre au singulier. Cette perte de contenu référentiel est à mettre en relation avec d'autres restructurations du système, comme l'agglutination de l'article au nom, qui toutefois se distingue de la présente construction par le fait que les constructions agglutinées peuvent recevoir d'autres marques d'actualisation préposées (cf. l'exemple (3) : *son l'eau*). La valeur de définitude généralement associée à l'article défini est en français abidjanais souvent exprimée par le marqueur *là* qui n'intervient que sur des référents spécifiques (cf. 2.3 ci-dessous). La tendance observée en français abidjanais n'est que le prolongement d'une tendance déjà observée en français parlé de France où l'article défini a perdu la catégorie de la définitude qui à son tour a été remplacée par le marqueur *là* (cf. Schøsler 2001).

Cette tendance à la généralisation de l'article défini (perte de la valeur définie) semble aboutir à l'omission pure et simple du déterminant défini, ce que démontrent les exemples ci-dessous :

(9)   Economie que tu avais, c'est gâté (H23Dogon0)
(10)   Si tu veux, je vais te montrer place des Ivoiriens et puis place des étrangers (H32Dioula2)
(11)   Problème de service là, on met ça de côté (H55Baoulé1)

L'omission du déterminant dans l'exemple (9) peut s'expliquer par le fait que la relative (*que tu avais*) assure l'identification du référent. Dans l'exemple (10), l'identification du référent est assurée puisque le verbe *montrer* a une forte valeur déictique. Dans la plupart des cas, cependant, c'est le contexte qui détermine l'interprétation du référent, comme dans l'exemple (11) où le référent *problème de service* a déjà été introduit. Nous avons en effet observé très peu de cas où l'identification du référent n'est pas facilement déductible à partir du contexte de l'énonciation.

La généralisation de l'article défini semble dépasser le contexte ivoirien ; attesté dans les copies de lycéens au Mali (Thyness 2003 : 71) où il remplace surtout l'article partitif, ce trait semble avoir une propagation africaine régionale en même temps qu'il répond à un changement en cours en français parlé de France.

2.2. Les articles indéfini et partitif

Quand l'article indéfini est utilisé en français abidjanais, il est le plus souvent utilisé selon les règles du français standard, bien que la variation morphologique liée au genre et au nombre ne soit pas toujours respectée. En dehors de l'usage plus ou moins conforme à celui du français standard qui concerne en premier lieu les locuteurs de niveau de scolarisation élevé, l'indéfini s'exprime en français abidjanais selon deux modalités : la généralisation de l'article défini (cf. (6-8) ci-dessus) au détriment de l'article indéfini et l'omission de l'article indéfini (marquage par morphème Ø).

Sur le plan syntaxique, l'omission des articles indéfini et partitif ne semble pas sujet à des contraintes sémantiques ; n'importe quel nom, quel que soit son contenu sémantique, est susceptible d'apparaître sans aucune marque de détermination s'il dénote un sens non-spécifique :

(12)   Cigarette est un peu mieux que boisson (H23Dogon0)
(13)   Moi c'est coca je prends, coca cola (H23Dogon0)

(14)   Garçon même peut le faire mais femme doit pas faire ça
(H50Sénoufo1)

Il ne semble pas que l'omission du déterminant indéfini soit régie par le contenu lexical du nom ou, plus précisément, qu'un certain contenu lexical mène à des omissions systématiques, comme l'a signalé Hattiger (1983). Dans son corpus, ce sont les lexèmes dénotant un contenu spécifiquement « africain » qui font l'objet d'une omission systématique de déterminant (lexèmes surtout liés au domaine de l'alimentation, qui sont, typiquement, des noms massifs : *banane, attiéké, manioc*, etc.). Nous n'avons pas pu déceler une telle tendance systématique ; en effet, dans notre corpus, tout nom de valeur non spécifique est susceptible d'être marqué par Ø.

2.3 Le marqueur « là »

Dans les exemples ci-dessus, l'interprétation défini / indéfini dépend largement du contexte[56]. L'opposition défini / indéfini se trouve cependant le plus souvent formalisée par le marqueur *là* qui, lui, n'intervient que sur les référents spécifiques. Il s'instaure ainsi une opposition entre Ø N de valeur non spécifique, et N *là*, de valeur spécifique, ainsi que le démontre l'exemple (15) :

(15)   Voilà banque […] faut aller gérer banque là (H22Attié3)

Là est un élément courant en français parlé et n'a rien de spécifiquement ivoirien, ou même africain. A propos du français parlé de France, Barbéris (1987, 1992) lie cet élément, qu'elle appelle *là de clôture*, à la problématique de la deixis et met l'accent sur le rôle structurant joué par *là* dans le discours. Cependant, *là* semble avoir pris des fonctionnements supplémentaires en français abidjanais, témoignant d'une réinterprétation des potentialités du système français. Nous nous proposons donc d'analyser quelques aspects morphosyntaxiques et discursifs de ce marqueur.

Là a une très vaste distribution syntaxique en français abidjanais. Il peut s'attacher à un nom, précédé ou non d'un déterminant (16), à un pronom disjoint ou neutre (17), à un adverbe (18) et à un syntagme propositionnel (19) :

(16)   Ah je pense que s'ils ont arrêté rafle là, quand même, quinze
mille là, on peut payer (H23Dogon0)

---

[56] Certains éléments de cette analyse proviennent de Knutsen (2002), Knutsen et Ploog (2005) et Knutsen (2007).

(17)   Moi, le seul ami que j'ai confiance en lui là, c'est Apache. A part lui là, amitié amitié là, je suis pas dedans (H21Dioula2)

(18)   Il est à la gare ici là (H19Dioula0)

(19)   Si c'était payé là, vers quatre-vingt-dix minutes là, on n'allait pas donner penalty, donner penalty au truc là, les Tunisiens là (H22Dogon2)

Même s'il est évident que *là* joue un rôle dans le système de détermination, il s'avère qu'il dépasse le cadre de la détermination puisqu'il peut s'attacher à des éléments non nominaux, ce qui laisse croire qu'il joue un rôle au niveau discursif. Examinons, afin d'étudier le fonctionnement syntactico-discursif de *là*, l'extrait (20), produit par un informateur âgé de 22 ans, sans scolarisation, ayant comme langue première le gurunsi, une langue du Burkina Faso (l'informateur est né à Abidjan et sa langue première est de fait le français) :

(20)

E[57]   Est-ce que […] tu crois à la sorcellerie ?

I   Je crois.

E   Ça existe, la sorcellerie, la sorcier ?

I   Oui.

E   Tu peux me dire une (.) euh (.) que quelqu'un qui était déjà sorcier, que tu connais ?

I   Bien sûr.

E   Raconte-moi comment ça s'est passé ?

I   J'étais à Agnibilekrou quoi, chez ma grand-mère, donc quand j'étais chez ma grand-mère en ce moment j'avais (.) j'avais une plaie ici là [il pointe son visage], je vois y a deuxième plaie qui a sorti, y a troisième plaie qui a sorti, y a un grand frère encore là, il a plaie. Donc ma grand-mère m'a montré la vieille là, il dit de regarder la vieille là, quand la vieille là fait sa bouche (.) sa bouche là comme ça [il mâche], elle fait on dirait elle mange quoi, or qu'il y rien dans sa bouche. Elle est sorcier. Bon eux ils sont là te bouffer comme ça or qu'y a rien dans leur bouche. C'est ma grand-mère qui m'a montré ça. Depuis que [inaudible] je suis venu ici elle n'a pas fait un mois, plaie là est finie (H22Gurunsi0).

Tout d'abord, cet extrait illustre l'instabilité des paradigmes de la détermination. Pour le défini, nous avons par exemple les combinaisons suivantes : déterminant possessif + nom (*ma grand-mère, sa/leur bouche*),

---

[57] E: Enquêteur, I: Informateur.

déterminant possessif + nom + *là* (*sa bouche là*), Ø + nom + *là* (*plaie là*). Pour l'indéfini, nous avons les combinaisons déterminant indéfini + nom (*une plaie, un grand frère*) et Ø + nom (*plaie*).

La valeur la plus stable de *là* semble être celle de la spécificité. Dans l'extrait il s'instaure une échelle de spécificité allant du nom marqué par Ø avec une valeur de spécificité minimale au nom marqué par *là*, avec une valeur de spécificité maximale, entre lesquels se trouvent des formes intermédiaires. Ainsi, au début de l'extrait, le constituant *plaie* (*j'avais une plaie / il a plaie*), sans *là*, se caractérise par une spécificité minimale, puisque nouvellement introduit dans le discours. A la fin du récit, ce constituant, marqué par *là* (*plaie là est finie*) réfère à un élément du co-texte déjà identifié par les participants de l'interaction.

Cependant, si la valeur la plus stable de *là* est celle de marqueur de spécificité, le paradigme de la détermination se caractérise avant tout, on l'a vu, par la variation. L'instabilité s'observe aussi bien pour la détermination indéfinie que pour la détermination définie. Pour l'indéfini, l'alternance s'articule autour de la présence ou de l'absence d'article (*j'avais une plaie / il a plaie*), alors que pour le défini, l'alternance est double : la présence ou l'absence de déterminant préposé et la présence ou l'absence de *là* postposé (*ma grand-mère, la vieille là / plaie là*). La question qu'il faut se poser quant aux systèmes co-existant dans les idiolectes est celle de leur distinction sémantique. L'absence de *là* dans l'exemple *chez ma grand-mère* au début de l'extrait peut s'expliquer par la faible valeur spécifique de ce constituant dans la mesure où il s'agit d'une information nouvelle. Quant à la forme *la vieille là* plus loin dans le texte, le marquage de *là* peut s'expliquer par le fait que le référent est présupposé à ce moment de la conversation, renvoyant justement au point de départ de la conversation (la sorcellerie et les sorcières) et par conséquent supposé connu par les participants de l'interaction. En effet, dans le contexte ivoirien, la sorcellerie est avant tout associée à la campagne (le village) et aux personnes âgées. *Là* intervient donc quand les pré-connaissances contextuelles sont suffisantes à l'identification du référent, autrement dit quand le référent est *activé* ou *accessible* chez le récepteur. La spécificité doit par conséquent être prise dans une interprétation large, impliquant non seulement l'information introduite dans le discours par un moyen linguistique (co-texte) ou existant dans le contexte immédiat (comme dans l'exemple *j'avais une plaie ici là*, où *là* est un déictique), mais aussi le « savoir partagé » entre interlocuteurs, ce qui relève de la deixis mentale. De cette manière, *là* joue sur les présuppositions inhérentes à la situation de communication et apparaît comme un marqueur dont le rôle est d'assurer la cohésion discursive. Le marqueur *là* joue donc sur le savoir partagé des interlocuteurs et apparaît par conséquent comme un marqueur intersubjectif.

Un deuxième aspect discursif de *là* est sa fonction structurante pour le discours. Nous avons vu que *là* apparaît à la frontière droite d'un syntagme, marquant ainsi la clôture syntaxique et référentielle de la séquence. Ce découpage de la chaîne parlée en unités référentielles constitutives apparaît comme particulièrement rentable dans les échanges parlés et assure la bonne transmission du message. Dans ses emplois « discursifs », le *là* abidjanais est similaire à celui relevé dans les corpus de français parlé de France (Barbéris 1987, 1992) : si certaines constructions avec *là* sont incompatibles avec le français standard, la valeur syntaxique, elle, semble se maintenir dans les deux variétés : il s'agit d'un marqueur dont les valeurs s'articulent autour des traits [+spécifique] et [+présupposé].

Dans une perspective diachronique, on pourrait s'imaginer que la perte de la catégorie de la définitude du déterminant défini mène à la généralisation du déterminant défini, marquant seulement la catégorie du nombre (et du genre au singulier).

La généralisation aboutit à son tour à l'omission du déterminant défini de manière à ce que l'opposition entre le défini et l'indéfini (marqué par Ø) ne soit plus formellement marquée. Puis, la nécessité de distinguer le spécifique du non-spécifique se traduit par le marquage avec *là*. Cette évolution aboutit à l'opposition Ø N marquant le non-spécifique contre N *là* marquant le spécifique, telle qu'elle ressort de l'exemple (15) ci-dessus (*Voilà banque [...] faut aller gérer banque là*).

Toujours dans une perspective évolutive, il apparaît que le français abidjanais actuel se caractérise par une certaine stabilité dans le temps. Hattiger (1983) avait signalé la présence de deux systèmes en coexistence : un système réduit du français standard d'une part, et d'autre part un système propre au FPA. La tendance attestée par Hattiger, à savoir un système de détermination bipartite se caractérisant par l'opposition entre Ø N / N *là,* s'est affirmée dans le français abidjanais actuel.

Sur un point du système, une réinterprétation des données s'est avérée nécessaire : le marqueur *là* n'est pas à considérer comme un déterminant, comme le soutient Hattiger, mais comme un marqueur de spécificité, apte à marquer aussi bien un syntagme nominal (se rapprochant par là du déterminant défini) que des syntagmes phrastiques. En ce qui concerne l'affirmation de Valdman (1978) concernant l'existence d'un système de détermination élaboré à partir des pronoms personnels et neutres, nous n'avons relevé aucune forme qui confirme cette tendance.

85

Conclusion

En guise de conclusion à l'étude de la détermination du français abidjanais, nous constatons que cette variété se caractérise par la coexistence de deux systèmes : un système plus ou moins conforme à la variété standard et un système qui se caractérise par des emplois inconnus dans la langue standard. Il ne s'agit pas de deux systèmes autonomes, mais plutôt de deux systèmes qui se recoupent : la variation est forte même dans les idiolectes. Nous observons cependant un certain nombre de traits qui sont partagés par l'ensemble des trois groupes constitués à partir du paramètre « niveau de scolarisation » et qui ont une fréquence suffisamment importante pour qu'on puisse les qualifier de tendances : la généralisation de l'article défini suivie par l'omission de celui-ci, l'omission de l'article indéfini et de l'article partitif, l'emploi de *là* comme marqueur de spécificité et un certain nivellement, non systématique, il est vrai, au profit du masculin pour la catégorie du genre grammatical. Nous constatons enfin que les tendances observées par Hattiger (1983) pour la partie basilectale de son corpus se sont étendues aux parties mésolectale et acrolectale de notre corpus. Cette observation laisse supposer que la variété abidjanaise est en voie de stabilisation, d'une part parce qu'elle est stable à travers le temps et d'autre part parce que les constructions non standard gagnent aussi du terrain chez les locuteurs scolarisés.

Références

Barbéris, Jeanne-Marie 1987. « Deixis spatiale et interaction verbale : Un emploi de 'là', *in Cahiers de Praxématique,* 9, 23-48.

Barbéris, Jeanne-Marie 1992. « Un emploi déictique propre à l'oral : Le 'là' de clôture », *in* Morel et Danon-Boileau (éds.) : *La deixis. Colloque en Sorbonne (8-9 juin 1990).* Paris, Presses Universitaires de France, 568-578.

Hattiger, Jean-Louis 1983. *Le français populaire d'Abidjan : un cas de pidginisation,* Abidjan, Université nationale de Côte d'Ivoire, Institut de linguistique appliquée.

Knutsen, Anne Moseng 2002. « Le statut de 'là' en français abidjanais », *in Romansk forum,* 16, 2, 553-559.

Knutsen, Anne Moseng 2007. *Variation du français à Abidjan (Côte d'Ivoire). Etude d'un continuum linguistique et social,* Thèse, Université d'Oslo, Oslo, Acta Humaniora.

Knutsen Anne Moseng et Katja Ploog 2005. « La grammaticalisation de LA en français abidjanais », *in* C. D. Pusch, J. Kabatek et W. Raible (éds.), *Romanistische Korpuslinguistik II. Korpora und diachrone Sprachwissenschaft*, Tübingen, Gunter Narr Verlag, 469-482.

Riegel, Martin, Jean-Christophe Pellat et René Rioul 1994. *Grammaire méthodique du français*. Paris, Presses Universitaires de France.

Schøsler, Lene 2001. « Reanalysing Structure. The Modern French Definite Article, its Predecessors and Development », *Acta Linguistica Hafniensia*, 33, 91-108.

Thyness, Hilde 2003. *Facteurs extra-, inter- et intrasystémiques du français au Mali, étudiés à travers les compétences linguistiques des élèves au lycée Abdoul Karim Camara dit Cabral de Ségou*, Mémoire de maîtrise, Oslo, Université d'Oslo.

Valdman, Albert 1978. *Le créole : structure, statut et origine*, Paris, Klincksieck.

Variation du groupe verbal et discours sur les langues : aperçu des représentations et pratiques d'enseignants togolais

Julie Peuvergne

Université Paris X-Nanterre
Albert-Ludwigs Universität-Freiburg im Breisgau

Introduction

Nous reprenons ici les résultats de nos travaux menés au Togo[58], et plus particulièrement dans la moitié sud du pays, présentant un quasi-monolinguisme gengbé (et ses variantes l'éwé, et le mina, dialecte employé à Lomé). Le français y est langue officielle, côtoyant les deux langues nationales : l'éwé et le kabyé. Ce projet s'attache à mieux comprendre la genèse du locuteur francophone dans un contexte sociolinguistique qui se caractérise entre autres par l'existence d'un véhiculaire local assurant l'intercommunication. Le français reste donc confiné dans les fonctions qui lui sont propres et les faits d'appropriation sont rares au Togo.

---

[58] Dans le cadre du projet « Appropriation du français et acquisition de connaissances via le français langue seconde en situation diglossique », soutenu par l'Agence Universitaire de la Francophonie (ARP du réseau SDL), le programme CORUS du Ministère français des Affaires Etrangères, et le programme Cognitique du Ministère français de la Recherche, Université Paris X-Nanterre et Université de Lomé (Togo).

La rencontre des enfants avec le français s'effectue donc principalement à l'école, où cette nouvelle langue est à la fois objet et vecteur d'apprentissage. Nous nous sommes donc intéressée aux enseignants, plus particulièrement aux instituteurs, chargés de la transmission de la langue nécessaire à la promotion sociale : leurs façons de parler constituent le modèle sur lequel s'appuieront les enfants (Noyau 2001) (le contact avec la langue par les médias et l'apprentissage non guidé restant relativement limités). Ils sont donc locuteurs autorisés, bien que leur parler soit affecté d'insécurité linguistique, ayant été acquis dans les mêmes conditions que celles de leurs élèves. Les formations professionnelles au métier d'instituteur peuvent être différentes en fonction de la période, puisque cette institution a subi plusieurs modifications au cours des deux dernières décennies. Notons que la situation des instituteurs est extrêmement précaire, les salaires sont versés de façon fort irrégulière, et il n'est pas rare qu'ils soient dans l'obligation d'effectuer de petits travaux afin d'assurer leur quotidien.

Les instituteurs, s'ils diffusent un modèle de français, influent de la même façon sur les représentations des langues, de par leur discours et les pratiques en vigueur au sein de la classe.

Dans le contexte linguistique que nous venons de décrire, on peut se poser deux questions : Quels types de variation pourra-t-on observer dans le parler des instituteurs lors de la classe, c'est-à-dire lorsqu'ils sont en situation de surveillance forte et exercent leur rôle de locuteur autorisé auprès des élèves ? Quel discours est associé à la situation sociolinguistique telle que nous venons de la décrire, quelles représentations, quel imaginaire linguistique ont les instituteurs, locuteurs autorisés ? Nous tenterons de répondre à ces questions sur la base d'enregistrements effectués en classe, et d'entretiens[59].

1. Aperçu de la variation

Nous nous intéresserons principalement aux variations ayant lieu au niveau du groupe verbal. Les variations dans le parler des enseignants seront interprétées en termes de glissements : sémantiques (du verbe ou du complément) d'une part, et surtout syntaxiques (en particulier les modifications apparentes de transitivité) d'autre part. Nous avons utilisé la méthode des écarts, en nous fondant principalement sur les *Méthodes en syntaxe* de M. Gross (1975), *La grammaire méthodique du français* de Riegel, Pellat et Rioul (1994), ainsi que sur le *Petit Robert (PR)*. Dans son

---

[59] Entretiens individuels que nous avons menés à Lomé en 2004, auprès d'instituteurs et d'inspecteurs de l'éducation nationale.

ouvrage, Gross tente de classer un certain nombre de verbes à partir de leurs propriétés syntaxiques et distributionnelles. Cette classification repose sur l'étiquetage des verbes en fonction de leurs arguments, qui correspond à un certain nombre de propriétés formelles. Environ 3.000 verbes ont été examinés et répartis dans 19 tables, sur la base d'une propriété particulière par table.

Nous allons voir brièvement certains exemples[60] (pour une analyse plus poussée, voir Peuvergne 2005, 2007).

1.1. Glissements sémantiques

- du verbe

1. c'est ça qui attire ici les lutteurs à faire plus la lutte

2. les mots que vous ne comprenez pas + vous les évoquez

3. les croisades ont enregistré des conséquences

Dans le premier exemple, le verbe *attirer*, où l'on attendrait *pousser*, relève d'une conceptualisation différente du procès. Néanmoins, le sens n'est pas compromis. Dans ces exemples, chaque verbe pourrait être remplacé par un verbe de base, de sens plus général ; on s'attendrait par exemple à *dire* pour l'exemple (2) ou *avoir* pour (3). Plus que la recherche d'un registre soutenu, il nous semble que le choix s'oriente en fait vers des verbes plus lexicalisés.

- du complément

4. il faut prêter vigilance

5. vous avez fermé la page

On observe ici le télescopage d'expressions semi-figées. D'une part (4) *redoubler de vigilance* et *prêter attention*, d'autre part (5) *tourner la page*, *fermer le livre*. Ces constructions, si elles ne suivent pas les conventions du français central, restent toutefois intelligibles.

6. Ozi a sauté pour gagner Kodjo + c'est Kodjo qu'on a gagné

7. mon frère a gagné la victoire

---

[60] Les conventions de transcriptions utilisées pour les exemples sont : + : pause ; / : intonation montante ; \ : intonation descendante, X : syllabe inaudible ; ( ) : incertain.

Dans l'exemple (6), le complément du verbe *gagner* est du type [+humain], complément qui n'est généralement pas accepté par ce verbe, d'après Gross. Notons néanmoins que cette construction de *gagner* est extrêmement fréquente en contexte africain.

De même, le complément, dans l'exemple (7), introduit une redondance inhabituelle avec le verbe qui, dans ce contexte, est généralement employé de façon absolue, alors qu'on s'attendrait à un verbe de sens large (par exemple *obtenir* ou *remporter*) pour appeler le complément *victoire*.

Le verbe *gagner* voit donc diminuer les contraintes qui régissent le choix de ses compléments, et entre ainsi dans un plus grand nombre de constructions.

1.2. Glissements syntaxiques

Nous verrons trois types de variation : les emplois absolus du verbe inhabituels, les élisions du complément pronominal, et enfin quelques modifications de l'emploi des prépositions.

- les emplois absolus du verbe inhabituels

Dans notre corpus, nous différencions les emplois absolus du verbe des élisions du pronom complément car dans le premier cas, aucun élément contextuel ne permet de restituer un complément nominal, comme dans les exemples (8) à (12):

8. le conseil aussi se réunit pour décider Ø

9. c'est lui qui coordonne Ø

10. les bactéries décomposent Ø

11. la première protège Ø

12. ce sont des petites formellettes qui relient Ø

Dans ces exemples, on observe des verbes employés de façon absolue, qui n'admettent généralement pas cette construction. Les verbes *décomposer* et *relier*, en particulier, sont décrits comme ne pouvant présenter cet emploi respectivement dans les tables 4 et 16 de l'ouvrage de Gross (1975 : 251 et 383). Les autres verbes n'ont pas été traités par Gross ; ils sont considérés comme transitifs par le *PR*, qui ne précise pas d'emploi absolu.

Néanmoins, ces emplois relèvent des définitions classiques de l'emploi absolu du verbe. Dans les exemples (8) et (9), si les verbes *décider* et *coordonner* acceptent difficilement l'emploi absolu, on comprend néanmoins que le Conseil de sécurité (puisque c'est ce dont il s'agit dans ce cours) "prend les décisions qu'il faut prendre", et coordonne "ce qu'il y a à coordonner". Ici, l'objet n'est pas spécifié car « il recouvre toute la gamme des objets possibles du verbe » (Riegel et *al.* 1994 : 220).

En (10), (11) et (12), « l'absence de réalisation lexicale de l'objet permet d'identifier le procès verbal en lui-même sans autre spécification » (*ibid.*). Le fait de ne pas mentionner de complément permet d'orienter l'attention des auditeurs sur le sens du verbe, qui est l'information principale visée par le locuteur. Le complément, s'il est obligatoire en termes de grammaticalité, est superflu (voire gênant, ou encombrant) pour la réussite de la communication.

Ces variations n'atteignent pas les structures profondes du système ; ces emplois absolus, s'ils ne sont pas conformes au standard, contribuent au sens de la même façon que des emplois absolus ordinaires. Seuls les usages conventionnels prescrits par la norme sont ici touchés.

Les occurrences de complément Ø semblent être courantes en français du sud-Togo : « Dans ces deux exemples ["préparer (la nourriture)" et "fréquenter (l'école)"], usuels au point d'être la norme locale, le complément d'objet lié au verbe a été écarté de l'énoncé français par analogie avec les nombreux cas où le français fait disparaître le complément d'objet obligatoire qui figure en éwé. » (Lafage 1985 : 329).

  - *élisions du complément pronominal*

Les énoncés (13) à (16) diffèrent des précédents, dans le sens où le complément du verbe peut être identifié dans le contexte gauche :

13. on Ø renouvelle au bout de combien d'années/ […]
14. chaque deux ans on le renouvelle hein le Conseil de sécurité

Maître : c'est l'encens qui chasse les mauvais esprits + pas les bougies
Elève : pour moi c'est pas juste parce que rien ne Ø prouve
  Maître : rien ne Ø prouve + faut pas dire que rien ne le prouve

15. c'est pourquoi il quitte le village\ + maintenant quand il quitte le village pour échapper à la mort lente pourquoi encore\ pourquoi il quitte Ø/

On voit que pour un même verbe (*renouveler, prouver, quitter*) le pronom peut être tour à tour élidé puis restitué. L'élision peut être analysée comme l'évitement d'une redondance (13), relevant alors du principe d'économie (le syntagme nominal (SN) *conseil de sécurité* a été énoncé à trois reprises par l'enseignant dans le tour de parole précédent). Pour des besoins de clarté, le complément peut être ensuite mentionné sous sa forme nominale et/ou pronominale (14). Il semble donc que la présence du pronom complément soit laissée à l'appréciation du locuteur.

Dans l'exemple (15), on voit que le propos de l'élève ne donne pas lieu à une correction explicite. L'enseignant se contente de restituer le pronom sans faire mention d'une faute. De même en (16), le complément est élidé, après avoir été mentionné deux fois sous sa forme nominale. Encore une fois, les structures profondes du système ne sont pas atteintes, elles donnent lieu à certaines libertés qui n'ont que rarement cours en français central, en particulier en situation de surveillance. Le complément, lorsqu'il est déjà connu, sera tour à tour mentionné et élidé, selon que le locuteur l'estime nécessaire à l'établissement du sens.

- *remarques sur quelques modifications de l'emploi de la préposition*

Si la modification de la préposition ne relève pas réellement d'un changement au niveau du groupe verbal, elle reste néanmoins représentative du type de phénomènes qui nous intéresse.

Notons tout d'abord que, contrairement au français, l'éwé est une langue essentiellement postpositionnelle. Les flottements observés dans les applications du système prépositionnel du français peuvent s'expliquer par le fait que les prépositions françaises sont beaucoup plus nombreuses que les postpositions en éwé, qui sont en outre généralement dotées de sens très précis (marquant la position, le temps, une partie du corps), bien qu'elles puissent avoir éventuellement des acceptions plus abstraites. Les prépositions *à* et *de* du français, souvent qualifiées de vides, ne prennent véritablement de sens qu'en contexte. Elles peuvent donc paraître relativement interchangeables aux éwéphones (Lafage 1985 : 282-283 et 378).

16. la sardine a les écailles [...] au dos

17. ici dans le ventre deux encore

18. au niveau du dos au niveau ou bien sur le dos

En effet, on peut constater que l'emploi des prépositions dans ces énoncés relève d'une recherche de précision : les prépositions sont plutôt choisies en fonction de leur valeur sémantique, et non par rapport aux exigences des verbes en matière de préposition. Ceci est très bien illustré par les exemples (17) à (19). L'instituteur utilise trois prépositions et une locution prépositive (*à, dans, au niveau de, sur*) dans le même contexte syntaxique, à savoir : préposition + article défini + N [partie du corps], et sémantique : situer un détail anatomique en fonction des différentes parties du corps du poisson. La première occurrence de ce type de syntagme comporte la préposition *à*, relativement abstraite, mais néanmoins fréquente avec des N [partie du corps] (ex : avoir mal à la tête, au ventre). Dans les trois autres cas, le choix s'est porté sur une préposition (ou locution) plus précise, dénotant un aspect spatial approprié au sens de la phrase. Ce n'est donc pas l'exactitude grammaticale que recherche ici l'instituteur, mais la précision sémantique.

19. on s'ennuie\ durant la monotonie

20. le COD est-il placé avant ou après + de ce participe passé-là

Alors que la prosodie (20) ou une pause (21) pouvaient laisser croire à la fin de la phrase, l'ajout d'une préposition contribue à mettre en évidence la relation entre deux syntagmes ; ce n'est pas un nouvel énoncé qui commence, mais bien le premier qui continue. La préposition, mot grammatical s'il en est, est mise au service de l'évitement d'une ambiguïté. On restitue le lien sémantique entre les deux parties de l'énoncé par le biais d'un lien syntaxique (la préposition), même si cela se fait au prix d'une agrammaticalité (enchaînement de deux prépositions en (21)).

Pour conclure cette partie, nous pouvons dire que les variations du groupe verbal n'atteignent pas les structures profondes du système, mais peuvent être décrites en termes d'assouplissement des règles. Le rôle fédérateur du verbe est diminué, en faveur du sens, qui s'établit en contexte, en fonction des collocations du verbe. Ceci peut être interprété en termes de fonctionnalisation des structures : l'établissement du sens prime sur l'adhésion au standard.

Les variations du groupe verbal sont clairement les plus importantes dans les séquences de classe dont nous disposons. Il est intéressant de constater que la variation vient se nicher au sein d'une zone de la syntaxe ne faisant pas l'objet d'un enseignement explicite (en effet, l'institution scolaire ne peut se livrer à la description minutieuse des valences de chaque verbe de la langue), et qui, par conséquent, échappe à la surveillance. En effet, le parler des instituteurs constitue la variété de référence, et se veut proche du standard. Comme nous allons le voir plus loin, le respect de la norme est très important pour les enseignants ; malgré cela, leur parler, acquis dans les mêmes conditions que celles de leurs élèves, reste affecté d'insécurité linguistique, notion que Pierre Swiggers résume ainsi :

> L'insécurité linguistique peut être définie comme un sentiment socialisé d'aliénation [...] Ce sentiment peut se traduire à la fois dans des attitudes explicites, dans un comportement linguistique [...] et dans l'écart entre le comportement linguistique et le discours épilinguistique. (Swiggers 1993 : 23).

Nous allons voir que ce sentiment prend une large part dans les représentations des enseignants, qui émergent lors des entretiens.

2. Le français face aux langues locales

Dans les années 1970, une nouvelle politique linguistique tente d'imposer l'enseignement des deux langues nationales à l'école. L'application de cette politique restera limitée. D'une part, les instituteurs du nord du pays ne sont pas tous locuteurs de kabyé, d'autre part, dans le sud, l'éwé standard n'est pas la variété parlée par la population. Nous avons demandé aux instituteurs[61] leur opinion quant à la (ré)introduction des langues premières à l'école.

22. enq - d'accord\ et vous pensez que ce serait bien de réintroduire les langues euh les langues maternelles à l'école/
Ma -eh: je crois que c'est nécessaire\ parce que on ne peut pas/ apprendre une euh langue étrangère au détriment de eh de la langue locale\ parce que lorsqu'on est chez soi/ on doit savoir- autant on on on sait parler/ eh on sait parler sa langue/ autant on doit savoir l'écrire\

Le propos de Ma est assez représentatif de l'opinion d'une partie des enseignants, en particulier ceux ayant à leur actif de nombreuses années d'expérience ; il souligne l'importance d'étendre les pratiques de scripturalité à la langue locale. L'écrit se présente comme un facteur déterminant dans la hiérarchisation des langues.

L'attitude d'Aso semble en revanche relever d'un pessimisme linguistique :

---

[61] Les informateurs sont désignés pas leurs initiales, précédées d'un I lorsqu'il s'agit d'un inspecteur ; Enq correspond à l'enquêteur. Nous utilisons l'italique afin de mettre en valeur certains propos.

23. Enq - et vous pensez qu'on devrait euh réintroduire euh les langues maternelles à l'école/

Aso -   ++++ [souffle] mon avis: + oh ça dépend hein ça dépend de chacun\ sinon bon moi à mon niveau en voyant le le temps/ bon en voyant le temps/ […] je préfère (qu'on étudie) bien la langue française XX la langue anglai- française bon\ comme ça c'est des langues internationales XX de voyage/ XXXXXXX même pour l'écrit bon\ c'est   un problème/ bon déchiffrer les choses les lettres

[…] moi c'est bon c'est bon/ c'est comme c'est la langue maternelle on peut pas la renier/ mais je lui souhaite bonne chance/

Le point de vue d'Aso se fonde sur l'aspect pratique des langues. Instituteur spécialisé en informatique, il est résolument tourné vers la modernité, et catégorise les langues en fonction de leur capacité d'ouverture sur le monde. L'écrit n'est pas non plus oublié dans son discours (l'orthographe de l'éwé comporte certains graphèmes n'existant pas dans l'écriture du français). Même s'il reconnaît l'intérêt de standardiser l'éwé, en particulier à l'écrit, son propos montre dans son ensemble qu'il ne réserve pas de place particulière aux langues locales dans l'enseignement, chasse gardée des langues « internationales ».

Col, quant à elle, est favorable à une réintroduction des langues premières. Mais on entrevoit néanmoins dans son discours, comme dans celui d'Aso, le déséquilibre entre français et éwé :

24. Enq - c'est une bonne chose/ et pourquoi ça\

Col - parce que eh c'est notre langue après tout\ [RIRE] il est vrai *que c'est pas une langue universelle*/ c'est vrai que c'est pas une langue qui: *c'est une langue qui ne conduit + nulle part*/ mais quand même comme c'est notre langue/ il faut quand même qu'on: qu'on en parle/ qu'on apprenne ça/ XX pareil/

Ces propos montrent, on ne peut plus clairement, les effets de la diglossie sur les représentations des langues. Aucun argument fonctionnel n'apparaît dans le discours de Col. Si la langue affective, celle de la famille, devrait avoir sa place à l'école, il n'est pas question de la mettre au même niveau que le français, langue universelle, et qui "conduit quelque part". Col, comme Aso, catégorise donc les langues en présence en fonction de leur capacité à ouvrir sur le monde moderne.

Il est intéressant de comparer les catégories utilisées par Aso et Col. Le premier nous décrit le français et l'anglais, alors que le propos de la seconde concerne l'éwé. Dans ce cas, les phrases sont basées sur une négation : la langue locale est décrite en fonction de ce qu'elle n'est pas, et la dépréciation des langues autochtones s'effectue donc par rapport à la langue officielle. Au contraire, Aso utilise un énoncé affirmatif, positif pourrions-nous dire, en ce qui concerne les langues importées, et c'est ici l'absence de catégorie qui caractérise les langues locales : la seule qui leur sera attribuée est celle de langue maternelle, qui reste peu pertinente en contexte africain et a, en fait, été construite lors de l'entretien, par l'enquêteur.

Nous avons donc d'un côté l'universalité/l'internationalité du français (et de l'anglais), de l'autre la qualité de langue de voyage/"qui conduit quelque part". Le rapprochement des deux derniers termes peut sembler ironique, mais il nous semble qu'il s'agit là d'une représentation profonde, qui fait entrer en ligne de compte une double notion d'ailleurs (géographique et sociale), exigeant dans l'un et l'autre cas les langues européennes comme passeport ; et les langues locales sont reléguées à des fonctions subalternes.

Mais, l'exemple des instituteurs en est la parfaite illustration, si le français est la condition *sine qua non* de la promotion sociale, il n'en est en aucun cas une assurance ; pour reprendre une formulation logique, le français est une condition nécessaire mais non suffisante à l'ascension sociale.

Le point de vue de l'inspecteur IKa est instructif à plus d'un titre :

25. IKa - [...] bon il ne s'agit pas seulement d'enseigner la langue maternelle parce qu'on sait la parler/ mais il faut savoir l'écrire\ sinon ça peut aider\ l'enfant à comprendre à comprendre le la langue d'enseignement\ mais seulement c'est le panachage qui qui crée problème\ c'est le panachage que- qui crée problème\ les enfants- les enseignants qui n'ont pas qui/ qui sont eh novices\ et qui/ face à des difficultés de compréhension des élèves au CP ils utilisent la langue maternelle pour expliquer\ bon\ or ce n'est pas- c'est ça que j'appelle le panachage\ vous êtes en train d'enseigner les mathématiques parce que l'enfant a des difficultés\ or il ne- il ne l'écrit pas\ lorsqu'il va comprendre bon c'est difficile aussi d'interpréter en français pour traduire ça par écrit\

IKa adopte tout d'abord un point de vue pragmatique, concernant la formation des enseignants : l'enseignement des langues locales doit faire l'objet d'un apprentissage cadré, en particulier pour la production écrite, qui est, encore une fois, placée à un autre niveau que la pratique orale. Du point de vue de l'enfant, il ne conteste pas l'apport que peut constituer un enseignement en L1 pour la compréhension du français (qui reste néanmoins la « langue d'enseignement »), mais condamne l'intervention de la langue maternelle dans un cours en français, ce qu'il nomme panachage. Les verbes qu'il utilise à ce propos dans le dernier énoncé en italiques sont assez édifiants. Le cheminement L1}français}écrit est matérialisé par les actions cognitives compréhension}interprétation}traduction. Le français est donc vu comme un *moyen* de passer de l'oralité de la langue première à l'écrit en langue seconde, où réside le réel changement de code.

Cette prédominance de l'écrit dans les propos des informateurs est quasi générale, et les représentations attachées au français y sont fortement liées. Le français est la langue par laquelle on entre dans l'écrit, et cet aspect contribue largement à une survalorisation de la langue officielle.

3. « Bien parler »

La question, généralement formulée ainsi : « Pour vous, qu'est-ce que c'est bien parler ? » nous a permis d'obtenir des informations sur les critères de jugements des enseignants, pouvant être rapprochés d'une certaine image de la norme.

26. Enq - d'accord et bien parler alors ce serait quoi\ [...]
qu'est-ce qu'il faut faire pour bien parler bien maîtriser le français\
Gum - ah il faut lire- il faut faire: faut avoir une culture il faut lire de temps en temps/ même quand il faut faut lire de temps en temps\ même les petits/ ils doivent lire de temps en temps\ lire de temps en temps\ déchiffrer au fur et à mesure chaque fois/ ainsi de suite hein\
Enq - mais ce serait quoi bien parler/ quand vous *entendez* un enfant ou même un adulte euh pour- quand vous vous dites lui il parle bien c'est euh qu'est-ce que vous écoutez pour euh: pour savoir s'il parle bien\
Gum - en fait *l'intonation/ l'accord/* ainsi de suite/ lorsqu'il parle bien on dit bon il articule bien/ il parle- bon l'intonation/ il fait des phra- *jolies phrases/* de belles phrases/ les accords sont corrects bon là on dit que- comment- oui quelqu'un qui dit c'est moi qui a dit/ c'est moi qui a dit c'est pas un très bon français/ est-ce que vous voyez\ oui\ alors là *il respecte les structures/* de la langue/ alors là c'est un bon/ c'est- il parle bien/

Dans un premier temps, on voit que pour Gum la question du « bien parler » appelle immédiatement celle du « lire ». Par la suite, nous répétons les termes cités afin de susciter un commentaire plus développé, et la reformulation, à l'aide du verbe *entendre*, appelle immédiatement le critère intonatif. Gum utilise également le critère de rationalisation esthétique.

Il cite ensuite la morphologie flexionnelle, qui donne lieu à des paradigmes qui font en outre l'objet d'un apprentissage explicite (Gadet 2001 : 268-269). Cet aspect semble être un critère d'évaluation important dans la reconnaissance du bon usage, également cité par les informateurs de Manessy et Wald (1984 : 91). L'insistance des enseignants pour l'acquisition de l'accord du verbe est confirmée lors de leurs interviews d'instituteurs (*ibid.*). Manessy nous dit par ailleurs :

> Langue de pouvoir et de promotion sociale, le français est doté de certains attributs : correction grammaticale (surtout en ce qui concerne l'emploi des verbes), richesse du vocabulaire, stricte application des règles morphophonologiques et exactitude de la prononciation. (Manessy 1994 : 66).

L'exemple proposé par Gum est à ce titre révélateur, puisqu'il condamne une régularisation fréquente du paradigme ("c'est moi qui *a* dit..."), qui ne gêne généralement pas l'établissement du sens. Mais l'élément le plus frappant dans les réponses de Gum est la place donnée à la dimension écrite du français. Comme nous l'avons vu, la question du "bien parler" est associée à la lecture, et Gum citera également l'orthographe, domaine typique de l'écrit s'il en est. La langue française est la langue qui s'écrit, la langue par laquelle on entre dans le monde graphique, et son image en est indissociable. De plus, c'est par l'écrit que seront validées les connaissances lors des examens : « L'écrit semble être vu à la fois comme la source et la cible du savoir, l'oral étant : a) un détour nécessité par la rencontre face à face qu'est la classe ; b) le lieu d'un entraînement » (Noyau et Cissé 2005).

En revanche, les critères cités par Col ne portent pas précisément sur l'aspect formel de la langue, mais sur des besoins de communication et de compréhension:

27. Enq - d'accord\ et bien bien parler alors ce serait quoi pour vous\
Col -   bien parler/ c'est-à-dire dire que tout aisément quoi\ sans eh oui/ ++ c'est-à-dire trouver les mots justes pour dire sa pensée en français comme tu- (ils sont libres) à parler le mina sans penser/ sans les avoir eh partir à chercher les mots tu vois/ quand ils parlent le mina ils sont à l'aise/ c'est c'est ce que moi je comprends pas\ bien parler le français/ chacun- mais je dis pas qu'il doivent bien parler ça sans faute ou bien/ mais c'est-à-dire que dire les choses aisément quoi/ hein: dire les mots justes pour dire sa pensée en français comme ils peuvent le faire en mina/

Il nous semble que cette réponse peut être interprétée en termes de tolérance à une norme endogène. Si on considère la norme endogène comme « une normalité fondée sur le désir réciproque de communiquer, un accord implicite quant à l'adéquation des modes d'expression et un savoir culturel partagé » (Manessy 1992 : 55), les particularités ne semblent pas être un obstacle au bon usage pour Col. En revanche, Gum ne leur concède aucune place. La norme endogène donne rarement lieu à des représentations conscientes (Manessy 1994 : 218). Le fait que les locuteurs ne la reconnaissent pas en tant que telle (en particulier dans des situations sociolinguistiques telles que celles du Sud-Togo, où le français n'est pas véhicularisé), n'implique pas qu'ils ne la perçoivent pas.

Le discours de Gum et Col est tout à fait représentatif des différentes attitudes que nous avons pu observer et des opinions que les enseignants nous ont livrées.

Col, comme certains jeunes instituteurs formés sur le tas (dont Aso), admet l'importance d'un français de communication ; elle se déclare par ailleurs satisfaite de sa compétence en français, tout en reconnaissant certaines difficultés.

On peut penser que leur formation lacunaire rend ces jeunes instituteurs moins revendicateurs de légitimité. La mise en relation de la méthode de formation et des représentations du français semble pertinente. Bien sûr, il ne s'agit pas ici de prôner la formation continue, extrêmement lacunaire, sur celle délivrée dans les Écoles normales, mais de rendre compte de leurs effets respectifs sur les représentations[62].

On retiendra que la formation en École normale peut être associée à une vision très normative du français. La légitimité des formes est le plus solide recours à une reconnaissance sociale des instituteurs, ce qui peut expliquer cet attachement à la norme chez les plus expérimentés. C'est ce que constate aussi G. Manessy :

> Toute production langagière en français est donc évaluée, ou évaluable, par rapport à cette norme [la forme écrite, littéraire] qui, de surcroît, n'est pas la projection d'un consensus temporaire de la communauté des usagers, mais une entité à la fois réelle et intemporelle, ayant la pérennité et la précision d'un code juridique, et tout aussi impropre à évoluer et à se différencier (Manessy 1994 : 60).

4. Rejet et acceptation de la norme endogène : l'exemple ivoirien

Il est courant que les locuteurs africains de français situent leur variété par rapport à d'autres variétés africaines. En particulier, le français ivoirien est souvent cité en exemple, à divers titres. Le cas du français de Côte d'Ivoire est unique, d'un point de vue linguistique, puisque les faits

---

[62] Ceci ne doit pas masquer la conscience du manque de formation, et surtout de remise à niveau. La demande massive de "stages de recyclage" est une constante dans nos données, dès lors qu'on demande aux instituteurs leurs souhaits pour une amélioration du système scolaire togolais.

d'appropriation y sont beaucoup plus prégnants que dans les autres variétés africaines. On parle même de français populaire ivoirien (FPI), ou d'Abidjan (FPA), et la littérature linguistique est conséquente. G. Manessy compare cette variété à des français régionaux parlés par des locuteurs natifs (le français canadien ou belge) :

> [I]l n'existe pas de français sénégalais ni de français du Cameroun comme il existe un français canadien ou un français belge. La variété la plus proche de ce type est probablement le français de Côte d'Ivoire, que les francophones des autres États considèrent comme fortement marqué du point de vue lexical et grammatical, au point de gêner parfois l'intercompréhension (Manessy 1994 : 32).

28. Enq - et après dans la dans la vie de tous les jours dans la vie des adultes le français il tient quelle place\
IKa - + bon\ + vous-même vous avez circulé\ vous avez (effectué) dans la masse\ *nous on est meilleur par rapport aux Ivoiriens/* qui parlent qui ne parlent pas le français comme + eh + on devait le parler au marché\ chez nous chacun s'efforce quand même de parler/ mais il veut en même temps parler le bon français\ *on a horreur de d'un français qui n'est pas correct* ce n'est pas c'est pas le cas en Cô- Côte d'Ivoire\

29. IKa - oui parce que *les gens ont peur des de faire des fautes* ils veulent tout de suite parler un français/ un fran- un bon français\ hein on a peur des fautes et on préfère être à l'aise dans le français\
Enq - c'est quelles fautes qui font le plus peur\
IKa - les non *les fautes de grammaire les fautes de grammaire* les fautes de grammaire\ donc on on se sent plus à l'aise dans son vernaculaire et on XX ça\ tu vas voir des gens qui ont un niveau acceptable de d'éducation d'instruction mais ils préfèrent rester dans dans leur langue maternelle\ ce n'est pas faute de scolarisation mais comme on ne veut pas- on a peur de faire des fautes/ on préfère rester dans sa langue maternelle\

Il est intéressant de constater que le discours sur le français de Côte d'Ivoire surgit ici à la question concernant l'utilité du français. IKa met implicitement en relation l'appropriation de la langue avec son utilisation effective dans la société. La diglossie très stricte du Togo relègue le français aux seules activités officielles. La dynamique irait plus dans le sens d'une extension des domaines fonctionnels de l'éwé (religion, journaux télévisés en langue nationales, films[63]) que du français, qui reste fortement sujet à l'insécurité linguistique.

IKa nous explique ici les représentations associées au français qui induisent cette insécurité linguistique, et ce par un discours plutôt positif tout d'abord (« on a horreur d'un français qui n'est pas correct »), puis négatif (« les gens ont peur de faire des fautes »). Ce dernier énoncé nous donne la possibilité d'approfondir la question des fautes. C'est la grammaire qui est donc en cause, d'après IKa.

Ce domaine de la langue est clairement le plus stigmatisant (ce qui n'est certes pas une spécificité africaine), et il est en outre très souvent associé aux fautes d'orthographe, comme nous l'explique Aso :

30. Aso - c'était parce que à cause des déterminants/ qu'on arrive pas/ à XX la programmation en français\ les déterminants/ tu sais en anglais quand on dit the/ the/ ça fait le la les\ en français/ quand tu dis le c'est à part/ quand tu dis la c'est à part/ *et moindre erreur/ tu as- tu as fait une faute grammaticale et une faute d'orthographe/* alors qu'en anglais/ on n'a pas cette complication\ quand tu fais la programmation bon […]
Enq - pour la programmation\ mais sinon dans la- dans la vie de tous les jours\
Aso - dans la vie de tous les jours y a pas de problème\ mais/ même- mais seulement c'est que/ même dans le parler/ XXXXX/ tu vas commettre euh une faute\ alors qu'en anglais c'est un peu c'est c'est c'est un peu simple\ c'est c'est vous allez voir par exemple dans dans les pays francophones/ *les pays qui arrivent à parler bien le français/ c'est les pays comme XX je dis la Côte d'Ivoire/ et y a le bon la Côte d'Ivoire est la première X bon en Afrique de l'Ouest parce que/ chez eux/ y a pas le charabia\ quand tu parles le charabia on ne te (gronde) pas\ mais au Togo quand tu parles le charabia/ c'est: c'est tout le monde qui se lève pour crier: sur toi*

Ici encore, c'est la question de l'utilité du français qui fera émerger un discours relatif à l'insécurité linguistique. Si IKa plaçait la sécurité du côté de la langue vernaculaire, Aso oppose le français à l'anglais, qui sera donc le point de comparaison, comme il l'était lorsque nous discutions des langues locales (de plus, la formation en informatique qu'a suivie Aso implique nécessairement une certaine maîtrise de l'anglais). Concernant l'anglais, il

---

[63] Nous pensons ici aux nombreux films nigérians diffusés par la télévision togolaise, qui, tournés en anglais, sont non pas doublés par post-synchronisation, mais commentés en français, ou en éwé (un unique traducteur « raconte » le film, souvent au discours indirect ou indirect libre, ajoutant éventuellement ses commentaires personnels).

est possible qu'Aso, sous la notion de "simplicité", fasse référence à la souplesse de la reconnaissance des différentes variétés, et oppose à ce titre les deux langues européennes, à l'instar de Pierre Swiggers : « L'anglophonie a reconnu depuis longtemps sa propre pluralité ; il n'y a pas de bonne raison pour que la francophonie essaie de refouler la sienne » (Swiggers 1993 : 26).

Aso met en cause un domaine du français, également cité par d'autres enseignants, qui est visiblement sensible : celui des déterminants, qui sera le point de départ de son discours sur les fautes. Le français est qualifié de difficile, ce qui est une attitude courante des locuteurs de français L2, et les fautes sont d'emblée associées aux domaines de la grammaire et de l'orthographe. La prédominance de l'écrit dans les représentations du français revient donc dans le discours d'Aso, qui était pourtant l'un des informateurs à nous livrer une vision du français ouverte vers la communication, dans les questions relatives à la norme. Il ajoute d'ailleurs que l'écrit n'a pas l'apanage des fautes, puisque le parler est aussi susceptible d'en présenter. Aso étend alors la portée de son propos à l'ensemble de l'Afrique francophone. Il est, en outre, le seul à qualifier positivement le français ivoirien, référence généralement utilisée par les locuteurs pour valoriser leur propre variété par rapport à une autre qu'ils jugent peu correcte, peu conforme à la norme.

On peut s'attarder sur la catégorie qu'utilise Aso à propos des parlers approximatifs. *Charabia* est un mot connoté négativement : « langue, style incompréhensible ou grossièrement incorrect » (*Petit Robert*). L'emploi que fait Aso de ce terme est chargé de signification quant à ses représentations du français. Dans un premier temps, il effectue un classement, à la tête duquel il place la Côte d'Ivoire, en justifiant ainsi son propos : « chez eux/ y a pas le charabia\ ». On peut s'étonner de cette phrase, puisque d'aucuns s'attendrait à l'exact opposé, à savoir que le FPI est une forme de charabia. Il ajoute : « quand tu parles le charabia on ne te (gronde) pas\ ». Il y a donc bien lieu de qualifier les parlers ivoiriens de charabia, mais le fait est que ceux-ci ne sont pas sujets à des jugements. La valeur du terme prend alors tout son sens : le charabia n'est pas une catégorie objective, il existe lorsqu'on le reconnaît comme tel, donc, en fonction des réactions qu'il induit. Aso fait preuve ici d'une grande intuition sociolinguistique, remettant implicitement en cause le principe qui érige le standard au rang de seule norme acceptable.

IAm décrit lui aussi l'insécurité linguistique en termes de jugements sociaux, et en s'appuyant sur le stéréotype du français ivoirien :

31. Enq - dans l'ensemble est-ce que vous pensez que les enfants ils aiment bien apprendre le français/ c'est quelque chose qui leur plaît/

104

IAm -   les enfants eux-mêmes\ oh/ mais vous avez raison/ il faut les voir/ +
bon vous savez chez nous/ il y a un phénomène-là qu'on ne retrouve pas
pareil en Côte d'Ivoire\ *ici/ même dans la maison/ on exige un français/ hein
plus ou moins correct* or *en Côte d'Ivoire par exemple/ celui qui parle lui/
il ne se soucie pas des erreurs qu'il commet\ et le le l'auditeur aussi ne n'en
fait pas cas* chez nous ce n'est pas ce ce- il y a ce phénomène qui fait que-
même quand tu ouvres la bouche (pour commencer) par parler/ *celui qui est
devant toi/ il s'attend à ce que tu commettes/ une erreur\ il veut t'imposer
sur ça* c'est un phénomène/ sinon les enfants/ ils sont intéressés\ mais
jusqu'au sud/ l'é- *l'éwé là domine tellement que même les enseignants
arrivent pas à s'exprimer*

Au début, notre question a l'air d'enthousiasmer IAm, mais très vite, le
couperet tombe : courte pause « bon vous savez chez nous... ».
L'enchaînement de ces marques montre la remise en question qui s'effectue
dans le discours. Alors qu'il s'apprêtait visiblement à nous faire l'éloge des
écoliers togolais, l'insécurité linguistique revient de plein fouet tempérer le
propos. Encore une fois, le cas de la Côte d'Ivoire servira d'illustration.

IAm va encore plus loin qu'Aso. Ce dernier nous disait que les Togolais
critiquaient systématiquement la faute ; pour IAm, l'attitude générale est de
guetter l'erreur.

Conclusion

Il ressort de ces exemples que le français est vu comme homogène, et,
pourrions-nous dire, non négociable. Il n'est donc guère étonnant que les
principales variations observées relèvent d'un domaine difficilement
descriptible lors de l'apprentissage de la langue. L'écrit reste le modèle de la
variété qu'il faut maîtriser, l'oral n'étant associé qu'à un registre fautif.

Le français légitime ne se conçoit donc pas sans certaines marques
distinctives. Les instituteurs, revendiquant leur statut de locuteurs autorisés,
s'expriment ici devant un détenteur de la norme légitime s'il en est : un
locuteur de français central. On peut donc interpréter les attitudes
manifestées comme tendant vers une reconnaissance de leur compétence. En
effet, les instituteurs au Togo, économiquement précaires, sont dans une
situation sociale fragile. La légitimité des formes reste leur principale arme
pour revendiquer, affirmer leur statut de locuteur autorisé. Malgré tout, on
observe chez les plus jeunes une nette tendance à envisager, voire à
favoriser, une norme communicationnelle.

Références

Francard, Michel, Geneviève Geron et Régine Wilmet (éds.) 2001. *Le français de référence. Construction et appropriation d'un concept, Actes du colloque de Louvain-la-Neuve (3-5 novembre 1999)*, vol. II. (Cahiers de l'Institut de linguistique de Louvain, 27).

Gadet, Françoise 2001. « Français de référence et syntaxe », *in* Francard *et al.*, 265-283.

Gross, Maurice 1975. *Méthodes en syntaxe,* Paris, Hermann.

Gueunier, Nicole, Emile Genouvrier et Abdelhamid Khomsi 1978. *Les Français devant la norme*, Paris, Champion.

Lafage, Suzanne 1985. *Français écrit et parlé en pays éwé (Sud-Togo)*, Paris, SELAF.

Manessy, Gabriel 1992. « Norme endogène et normes pédagogiques », *in* Baggioni, Daniel *et al.*, *Multilinguisme et développement dans l'espace francophone*, Institut d'Études Créoles et Francophones, Paris, Didier Érudition, 43-81. (Coll. Langues et Développement).

Manessy, Gabriel 1994. *Le français en Afrique noire, Mythe, stratégies, pratiques*, Paris, L'Harmattan.

Manessy, Gabriel et Paul Wald 1984. *Le français en Afrique noire, tel qu'on le parle, tel qu'on le dit*, Paris, L'Harmattan.

Noyau, Colette 2001. « Le français de référence dans l'enseignement du français et en français au Togo », *in* Francard *et al.*, 57-73.

Noyau, Colette et Alilou Cissé 2005. « L'oral et l'écrit dans la construction de connaissances via le français langue seconde à l'école », *in* Thomas Bearth (dir.), *African Languages in Global Society / Les langues africaines à l'heure de la mondialisation/ Lugha za Kiafrika kwenye enzi ya utandawazi. Symposium international « Textes en contexte : langue et écrit face à l'oralité africaine », 18-20 octobre 2001*, Köln, Rüdiger Köppe Verlag. (Publication électronique sur CD Rom).

Peuvergne, Julie 2005. « Étude de glissements sémantiques et syntaxiques au sein du groupe verbal dans le parler d'enseignants togolais (Lomé) », *in* Katja Ploog et Blandine Rui (éds.), *Appropriation en contexte multilingue – éléments sociolinguistiques pour une réflexion didactique à propos de situations africaines, Actes du Colloque « Situations de plurilinguisme et enseignement du français en Afrique »*, Besançon, Presses Universitaires de Franche-Comté, 99-115. (Coll. Annales littéraires 790, série Linguistique et appropriation des langues, 3).

Peuvergne, Julie. 2007. « Enseignants de Lomé, entre pratiques et représentations », in *Actes du colloque du 24-26 février 2005 : « Appropriation du français et construction de connaissances via la scolarisation en situation diglossique* », Université Paris X-Nanterre, COMETE. (Publication électronique sur CD Rom).

Riegel, Martin, Jean-Christophe Pellat et René Rioul 1994. *Grammaire méthodique du français*, Paris, Presses Universitaires de France. (Quadrige).

Swiggers, Pierre 1993. « L'insécurité linguistique : du complexe (problématique) à la complexité du problème », *in* Michel Francard (éd.), *L'insécurité linguistique dans les communautés francophones périphériques, Actes du colloque de Louvain-la-Neuve (10-12 novembre 1993).* Vol. I, 19-29. (Cahiers de l'Institut de linguistique de Louvain, 19).

La Francophonie vue de l'Acadie.
Représentations, pratiques linguistiques et construction identitaire en Acadie des Maritimes

Annette Boudreau
Université de Moncton

En Acadie, les locuteurs du français vivent dans un contexte de diversité linguistique : deux langues, le français et l'anglais, toutes deux officielles et aussi plusieurs variétés du français. Ces langues et ces variétés n'ont pas la même valeur ni le même statut sur le plan social. Les luttes de pouvoir entre les différents groupes linguistiques pour l'accès aux ressources matérielles, symboliques et intellectuelles sont particulièrement aigües pour les francophones.

Par ailleurs, même si le français est une langue dominée en Acadie, du moins sur le plan démolinguistique, il constitue le fondement même sur lequel s'est construite la société acadienne depuis le début de la colonisation au 17e siècle et encore davantage depuis la fin du 19e siècle[64] où la langue française et la foi catholique ont constitué les piliers de la « nation » acadienne. *En conservant la foi, nous conserverons également la langue française, dans laquelle nous avons appris à prier (Convention nationale de 1881).* Aujourd'hui, le français, sans la religion, constitue le moyen par

---

[64] Cette période, nommée la « renaissance acadienne», coïncide avec les premières conventions nationales acadiennes (1881, 1884 et 1890).

lequel la société acadienne tente de se légitimer et obtenir une reconnaissance sur le plan politique. De plus, pour les locuteurs francophones habitant les provinces Maritimes, le français constitue le référent central de l'identité acadienne.

Dans de nombreux pays, la francophonie est négativement connotée en raison des relents colonialistes qu'elle peut revêtir, mais il en est tout autrement dans certaines petites communautés comme l'Acadie sans territoire bien défini[65] et sans voix politique officielle[66] où la francophonie, en tant qu'espace virtuel, offre un lieu où établir des contacts et former des réseaux transnationaux avec d'autres francophones. Dans ces nouveaux espaces composites francophones, les petites communautés et les minorités linguistiques surtout, peuvent entrevoir de se penser en tant que locuteurs parlant le français mais *autrement* hors d'une conception hégémonique de la langue et de la culture française qui a longtemps fait fi de la diversité linguistique et culturelle qui les compose. La francophonie fédère des locuteurs ayant en commun une vision différente de ce que « ça veut dire d'être francophones », vision qui, pour des raisons historiques, politiques et sociales, ne se situe pas dans un rapport d'adhésion centripète à une norme française.

Dans ce texte, je traiterai des pratiques et des représentations qui participent à la construction identitaire des Acadiens et des Acadiennes[67]. Dans un premier temps, je présenterai les principales idéologies linguistiques qui ont modelé les représentations des Acadiens et des Acadiennes à partir de la fin du 19e siècle jusqu'à nos jours, puis dans un deuxième temps, j'examinerai comment les pratiques et les représentations s'actualisent à travers le prisme des relations entretenues avec la culture américaine et la francophonie, plus particulièrement, la France et le Québec. Je terminerai en illustrant mes propos par les textes d'écrivains et d'artistes qui témoignent de leur rapport actuel au français. Mais avant, je présenterai brièvement l'Acadie des Maritimes, en insistant davantage sur la situation du Nouveau-Brunswick où la population des francophones est la plus élevée.

---

[65] L'Acadie est associée aux provinces Maritimes, mais ne correspond pas à un territoire bien délimité. On y trouve des régions presque entièrement homogènes sur le plan linguistique et des régions mixtes (français et anglais).
[66] Sans territoire défini, l'Acadie n'est pas représentée dans la politique provinciale, même si elle est dotée d'un poids politique indéniable qui force les politiciens à tenir compte de la population acadienne dans leurs décisions.
[67] J'entends par Acadien toute personne qui parle français et qui vit en Acadie.

1. Brève présentation de l'Acadie

L'Acadie désigne aujourd'hui l'espace dans lequel réside la population d'expression française des provinces Maritimes du Canada (Nouveau-Brunswick, Nouvelle-Écosse, Île-du-Prince-Édouard), qui est en majorité composée des descendants des premiers colons français en Amérique du Nord, appelés les Acadiens. Selon le recensement de 2001, l'ensemble de l'effectif francophone se déclarant de langue maternelle française constitue environ 15 % de la population des trois provinces. Près de 86 % de ces locuteurs francophones habitent le Nouveau-Brunswick, où la proportion des locuteurs se déclarant de langue maternelle française s'élève à 32,9 % de la population ; en Nouvelle-Écosse et à l'Île-du-Prince-Édouard, cette proportion s'élève à 3,8 % et à 4,3 % respectivement (*Statistique Canada 2001*). Le Nouveau-Brunswick est la seule province officiellement bilingue du Canada. Tous les services gouvernementaux et municipaux sont offerts dans les deux langues officielles[68]. Cependant, dans la plupart des autres sphères de la vie publique, le bilinguisme qui s'y pratique est asymétrique : 72 % des francophones sont bilingues alors que seulement 15 % des anglophones parlent le français (*Statistique Canada 2001*).

2. Le français acadien

Le français acadien constitue, avec le français québécois, l'un des deux foyers d'origine du français parlé au Canada[69]. Les premiers colons français sont arrivés en Acadie en 1604 et les premières familles s'y sont installées en 1630. Celles-ci parlaient différentes variétés de français. En effet, selon Claude Poirier, les colons provenaient du nord-ouest, du centre, et surtout de l'ouest de la France (région de l'Aunis, du Poitou et de la Saintonge) (Poirier 2003 : 108). Le français en France était alors à peine codifié; l'Édit de Villers-Cotterêts[70] fut proclamé en 1539, l'Académie française fondée en 1634.

Les premiers colons sont arrivés en Acadie avec des traits morphologiques et lexicaux propres à leurs régions respectives dont certains sont encore en usage aujourd'hui. Le français acadien renvoie de façon générale aux variétés de français parlées dans les trois provinces Maritimes,

---

[68] Sur le plan théorique, ces services sont disponibles, mais dans la pratique, il n'est pas toujours possible d'obtenir un service en français, surtout dans les municipalités.

[69] Pour les traits caractéristiques du français acadien, voir Arrighi (2005), Wiesmath (2006), Péronnet (1989, 1995) et Perrot (1995).

[70] Édit proclamé par le roi François 1er. Le français devient obligatoire dans les textes écrits de l'administration française. Il remplace alors le latin et les langues régionales.

soit le Nouveau-Brunswick, l'Ile-du-Prince-Édouard et la Nouvelle-Écosse. Ce français, qui tire ses origines de la France du 17e siècle, est habituellement décrit comme une langue très conservatrice, qui a maintenu, à des degrés divers, des traits dits *archaïques*. À titre d'exemples, sur le plan phonétique, on trouve l'ouisme (*houmme* pour *homme*), la palatalisation (*tchoeur* pour *cœur* ou *djeule* pour *gueule*) ; sur le plan morphologique, l'usage du suffixe en *-ont* ou en *-iont* à la 3e p.p., comme dans *ils chantont, ils chantiont* pour *ils chantent, ils chantaient*.

Si ces traits se sont maintenus en Acadie, c'est sans doute en raison de son histoire particulière, de l'isolement de la population après le *Grand dérangement*[71], de la pression des pairs et surtout en raison du peu d'accès à un enseignement public en français jusque dans les années 1950. Par conséquent, il y eut peu de contacts avec une norme de référence ou avec des variétés de français plus normées. La *conscience* d'user de ces archaïsmes participe fortement à la construction de représentations linguistiques particulières chez les locuteurs acadiens.

Par ailleurs, il existe aussi dans le sud-est du Nouveau-Brunswick un mélange de langues appelé le chiac[72]. Il se caractérise par l'intégration et la transformation, dans une matrice française, de formes lexicales, syntaxiques, morphologiques et phoniques de l'anglais; on y trouve également des traits dit archaïques qui y sont mélangés. Par exemple, dans la région monctonienne, on pourra entendre des phrases telles que : *je viendrai back* ; *c'est right bon* ; *je te phonerai à soir* ; *embarque dans le char* ; *j'irai te driver chez-vous*. Le chiac constitue la langue sociomaternelle d'une majorité des parlants francophones du sud-est de la province du Nouveau-Brunswick et est aujourd'hui revendiqué comme langue identitaire par de nombreux jeunes de la région de Moncton (voir Perrot 2005).

Depuis les années 1970, les domaines d'utilisation du français ont été considérablement élargis. En effet, le français a investi des lieux dont il avait été longtemps absent, c'est-à-dire le monde du travail, les commerces, les

---

[71] Entre 1755 et 1763, à la suite d'incessantes luttes entre la France et l'Angleterre, les Acadiens, refusant de prêter un serment d'allégeance à la Couronne britannique sont déportés par les Anglais vers les colonies anglo-américaines, vers la France et l'Angleterre. Cet événement, appelé le *Grand dérangement,* a laissé des traces indélébiles dans la mémoire collective acadienne.

[72] Les locuteurs du chiac disent parler le chiac et le nomment comme un français distinct du français de référence. Le fait de nommer une langue et de revendiquer cette langue comme langue identitaire illustre la conscience linguistique des jeunes (voir Calvet 1999). Tabouret-Keller a également montré que le nom est « une prise de possession, un instrument de pouvoir et du pouvoir » (Tabouret-Keller 1997 : 11).

institutions publiques et les médias. Sur la scène politique publique, les deux langues se partagent souvent les mêmes lieux, situation qui donne à voir l'égalité des langues, mais qui, en réalité, masque souvent des rapports inégalitaires. Par ailleurs, les marchés linguistiques de la province se sont diversifiés et font une plus grande place aux français régionaux; on pense notamment aux radios communautaires, aux productions culturelles, à certaines émissions de télévision. Sur le plan individuel, les Acadiens ont souvent manifesté un sentiment d'insécurité linguistique, sentiment révélé lors d'enquêtes réalisées dans les trois provinces Maritimes et qui se traduit par l'impression de parler une langue qui n'est pas conforme au modèle imaginé (Boudreau 2001, 2005). Cependant, avec la nouvelle économie mondialisée des années 1990 et les contacts multiples entre francophones de partout, on assiste de façon accrue, dans le monde artistique surtout, à un retournement de cette situation[73]. Par une réaction de contre-légitimité linguistique, plus ou moins consciente, on voit les artistes mettre en scène les traits de leur langue autrefois stigmatisés, traits qui sont parfois dotés d'une valeur marchande sur les marchés francophones comme je l'illustrerai plus loin.

3. Les discours

Depuis la fin du 19e siècle, date à laquelle l'Acadie s'est construite comme une entité indépendante du Québec, différents discours *sur* la langue ont circulé dans les articles de *L'Évangéline* (1887-1982), seul quotidien de langue française[74] en Acadie, et *Le Moniteur acadien*[75] (1883-1926). Ces deux journaux, surtout *L'Évangéline,* ont joué un rôle fondamental dans le maintien et le développement de la langue et de l'identité francophones en Acadie. En effet, selon l'historien Gérard Beaulieu, « *L'Évangéline* a occupé en Acadie une place peut-être encore plus importante que celle du *Devoir* dans la société québécoise. Pendant 95 ans, ce journal a été considéré comme l'une de ses institutions nationales » (Beaulieu 1993 : 12).

Dans une recherche en cours[76] ayant comme objectif d'examiner comment les *représentations* linguistiques, liées aux *idéologies* linguistiques, se sont forgées dans les régions francophones des Maritimes de la fin du 19e

---

[73] Voir Boudreau et Dubois 2007.

[74] Il est devenu quotidien en 1949 seulement.

[75] *Le Moniteur acadien* fut le premier journal acadien et s'est donné comme mission de défendre les intérêts de la population d'expression française aux provinces Maritimes.

[76] Ce projet de recherche est financé par le Conseil de recherches en sciences humaines du Canada (2007-2010); chercheure principale, Annette Boudreau, Université de Moncton ; collaboratrice, Marie-Eve Perrot, Université d'Orléans.

siècle à nos jours, 350 articles ont été retenus, textes sélectionnés en fonction de leur pertinence à illustrer les discours dominants. Nous avons délimité trois périodes clés qui ont marqué le discours sur la langue en Acadie, la première s'étalant sur 30 ans, de 1880 à 1910, période où les Acadiens ont tenté pour la première fois de s'organiser après la déportation, la deuxième se situant entre 1950 et 1967, période où les institutions francophones se sont consolidées et la troisième se situant de 1970 à 1973, période qui coïncide avec l'entrée de l'Acadie dans la modernité. Dans la première phase de 1880-1910, que nous avons intitulée *la réhabilitation du parler acadien*, deux discours ont émergé, soit le discours prônant la supériorité, la richesse et la beauté du français[77], discours relié à l'idéologie du français unique voulant qu'il existe une seule variété de français, combiné à un discours qui fait l'éloge des particularités linguistiques acadiennes en raison de leur affiliation à la France. Ce discours s'inscrit dans la volonté de réhabilitation du français acadien, réhabilitation qui s'opère par la légitimation des « archaïsmes », démarche qui s'associe au culte des traditions qui célèbrent le génie de chaque peuple conformément à la pensée de Herder[78] :

> L'idiome que parlent les Acadiens est une des branches les mieux conservées de la langue d'oïl. C'est identiquement la langue qui se parlait au seizième siècle, et qui se parle encore aujourd'hui dans l'Île de France, dans le Maine, la Touraine, l'Orléanais, la Champagne. De sorte que si nos origines étaient perdues, nous pourrions toujours, au moyen de notre parler, les retracer jusqu'à leur source au Canada, et même en France (écrit d'abord dans *Le Moniteur acadien* en 1884, cité *in* Gérin 1990)[79].

Ce discours de réhabilitation du français acadien sera constant dans la presse et se construira parallèlement à celui qui consiste à glorifier le français comme *la langue universelle, la langue prestigieuse* de l'humanité, comme on le constate dans le tout premier éditorial de *L'Évangéline*, paru le 25 avril 1888 :

> Un oiseau noir seul dira le contraire : la langue que parlent les Canadiens, les Acadiens, *tous les descendants de la vieille France*, est la plus belle que nous puissions étudier après l'immortelle et sublime langue de l'Église.

---

[77] Ces discours ressemblent, par certains côtés, à celui de Rivarol prononcé à Berlin à la fin du 18e siècle.

[78] Voir à ce sujet Crépon 1996 et Baggioni 1997.

[79] En note de bas de pages, Gérin renvoie aux *Nouvelles Soirées Canadiennes*, Vol. 5, mai 1886 : 69-70.

La langue française est [...] une langue philosophique, suave et harmonieuse, mais c'est la langue classique par excellence, la langue privilégiée de l'Angleterre même (c'est moi qui souligne).

Pendant que l'on cultive un discours essentialiste sur la langue que l'on conçoit comme pure et sans taches[80], on valorise le bilinguisme français/anglais, nécessité sociale, tout en faisant la chasse aux anglicismes et tout en discourant contre le mélange de langues, deux discours difficiles à réconcilier dans la réalité des pratiques linguistiques pour les locuteurs francophones en milieu minoritaire.

Dans la deuxième période étudiée, de 1950-1960, période de l'après-guerre, appelée *la consolidation des institutions acadiennes,* la mise en place d'institutions francophones d'importance en Acadie fait apparaître un discours sur la standardisation du français, discours motivé par la nécessité de doter les Acadiens et les Acadiennes d'un français moderne permettant l'accès aux ressources symboliques et matérielles de l'époque. Pendant cette période, le français est présenté comme étant uniforme, le même pour tous ; on commence à critiquer l'emploi des expressions archaïques qualifiées de *pittoresques* par un éditorialiste : « Nous sommes au 20e siècle, parlons donc le français de notre temps » (27 juillet 1959). Le mélange de langues continue à être fortement stigmatisé. Par ailleurs, conformément à la période précédente, on présente toujours le bilinguisme comme nécessaire, mais comme deux monolinguismes dans lesquels les traces d'une langue doivent être absentes de l'autre.

La dernière période, de 1970 à 1973, appelée *la diversité linguistique et la réappropriation du français,* est marquée par un débat sans précédent sur la langue en Acadie, avec les tenants du vernaculaire acadien d'un côté et les tenants du standard de l'autre, débat qui s'amorce avec la parution de *La Sagouine* (1971) d'Antonine Maillet[81] et d'un petit film de l'Office national du film canadien diffusé sur les ondes nationales de Radio-Canada intitulé *L'Éloge du chiac* (1970)[82], débat qui n'est pas sans rappeler la querelle du

---

[80] Par exemple, Pascal Poirier affirme : « Il y a peu de départements en France où le paysan parle un français *aussi pur* qu'au bas Canada et le patois n'existe nulle part en Acadie » (texte réédité in Gérin 1990 : 119, c'est moi qui souligne).

[81] Dans cette pièce de théâtre, Antonine Maillet met en scène une vieille dame qui réfléchit sur le monde qui l'entoure et qui le fait dans sa langue à elle, c'est-à-dire en acadien traditionnel, langue qui regorge d'archaïsmes. Cette langue traditionnellement réservée à un usage privé était soudainement étalée sur la place publique. La pièce connaît un succès important tant en Acadie qu'au Québec et en France, ce qui donne à l'idiome une certaine légitimité.

[82] Le film fait entendre des élèves âgés entre 11 et 14 ans qui discutent du bilinguisme, de leur(s) langue(s) et de leurs rapports ambigus à ces langues; ils

joual qui a eu lieu au Québec à peu près au même moment. On peut dire que quarante ans plus tard, les deux tendances se maintiennent et que les mouvements vers la standardisation et la vernacularisation se chevauchent, et parfois même se superposent, ce qui explique la diversité de pratiques observables sur le continuum reliant les deux pôles.

Ayant donné un aperçu des principaux discours sur la langue en Acadie, examinons maintenant le deuxième facteur qui joue un rôle important dans la construction identitaire des Acadiens, soit les relations entretenues avec l'Amérique anglophone et avec certains espaces francophones, dont le Québec et la France, relations imbriquées dans les discours que je viens de décrire.

4. Relations avec l'Amérique anglophone, le Québec et la France

a) Relations avec l'Amérique anglophone

Les francophones d'Amérique du Nord entretiennent des relations avec les États-Unis et les Canadiens anglais, que ce soit sur les plans économique et culturel ou sur un plan plus personnel, relations qui se déroulent principalement en anglais. En Acadie, on l'a dit, la majorité de la population acadienne est bilingue, par nécessité. Les locuteurs francophones tantôt convergent vers la langue de l'autre, tantôt résistent et parlent en français dans un climat parfois conflictuel. De plus, la pensée américaine exerce son influence sur tous les plans, tant dans la manière de vivre au quotidien que dans la consommation de biens culturels. Si, par exemple, la musique et le cinéma américains occupent une place importante dans la plupart des pays du monde, en Amérique francophone, ils sont partie constituante des référents qui contribuent à la construction identitaire des francophones.

b) Relations avec le Québec

Les relations avec son autre voisin, le Québec, sont d'un tout autre ordre, mais sont également marquées par l'ambivalence (voir Thériault 2007). Après la conquête de 1763 et jusqu'au milieu du 20e siècle, les Acadiens et les Québécois ont souvent été amenés à faire cause commune pour défendre la place du français au Canada bien que l'Acadie ait toujours voulu témoigner de son identité particulière depuis le début de la colonisation. En effet, lors des conventions nationales de la fin du 19e siècle, elle a adopté son propre drapeau (le tricolore français avec une étoile jaune représentant la vierge Marie dans le bleu), son hymne national, l'*Ave Maria Stella* et sa fête

---

traitent aussi du chiac et certains élèves le réclament comme leur langue maternelle, ce qui créa une controverse dans le journal *L'Évangéline*.

nationale, le 15 août, fête de Notre-Dame de l'Assomption. À partir des années 1960, en raison de visions politiques différentes entre les deux groupes[83], une fracture s'est opérée (*op. cit.* : 266-270). Les Québécois ont affirmé haut et fort leur droit à une existence autonome et les Acadiens ont eu alors à se redéfinir, mais sans le Québec ; une des façons de le faire fut de tenter d'accentuer leurs différences avec le Québec pour se faire valoir sur la scène culturelle européenne et surtout française. J'y reviendrai.

c) Relations avec la France

L'Acadie entretient des relations privilégiées mais ambivalentes avec la France, relations marquées par un triple rapport : un *rapport historique* - c'est de la France que sont arrivés les premiers colons en 1604 ; un *rapport d'échanges réels* - échanges commerciaux[84], académiques[85], culturels[86] et, le plus important, à mon sens, un *rapport mythique* surtout sur le plan des représentations linguistiques. Le français parlé en France continue de représenter l'idéal de langue dans l'imaginaire des Acadiens[87]. Ce rapport mythique est lié à l'idéologie de la langue française, perçue comme unitaire, uniforme, la même pour tous, et fortement véhiculée dans les journaux publiés en Acadie depuis leur fondation dès la fin du 19e siècle comme on vient de le voir.

Même si les discours sur l'unicité de la langue française faisant fi de la diversité sont moins présents aujourd'hui qu'à cette époque, l'idéologie du standard[88] agit encore sur les représentations des locuteurs. A titre d'exemples, nous avons interrogé pendant plus d'une heure plus de 500 locuteurs des différentes provinces des Maritimes (de tous les âges et de différents milieux sociaux) et nous avons constaté qu'une majorité de

---

[83] Le Québec aspire alors à l'indépendance tandis que la classe dirigeante de l'Acadie adhère à la vision du bilinguisme institutionnel mise en place par le gouvernement fédéral en 1969.

[84] Les villes francophones du Nouveau-Brunswick établissent des jumelages avec des villes françaises, ce qui favorise les échanges économiques.

[85] L'Université de Moncton entretient des rapports privilégiés avec plusieurs universités françaises : l'Université de Poitiers, l'Université de Caen, l'Université de Lille et l'Université de Tours.

[86] Ce sont de loin les échanges les plus importants et qui agissent sur l'imaginaire collectif. Depuis le milieu des années 1980, de plus en plus d'artistes acadiens se produisent en France (les Déferlantes francophones du Capbreton, le festival de Lorient, les soirées acadiennes à Paris). Ces événements sont largement couverts par la presse acadienne et par la radio nationale, d'où leur importance sur le plan des imaginaires collectifs acadiens.

[87] Voir Boudreau (1998); Boudreau et Dubois (1993).

[88] Voir Milroy et Milroy (1987).

locuteurs entretient des représentations assez négatives à l'égard de son français en raison principalement de l'image idéalisée que les Acadiens se font de la langue française et dont les Français sont les principaux modèles[89]. Il en découle un fort sentiment d'insécurité linguistique qui se traduit de différentes façons dont la plus évidente est la conscience exacerbée de sa différence linguistique, parfois vécue de façon positive, mais le plus souvent vécue sur le mode du manque[90] (Boudreau 1998 et 2001).

On peut sans doute affirmer que les rapports à l'égard de ces trois différents espaces constituent les vecteurs par lesquels les francophones transitent pour construire leur identité, identité conjuguée au pluriel et revendiquée comme telle par de nombreux Acadiens, surtout par les artistes qui rejettent les étiquettes les figeant dans le corset de l'unicité, tant linguistique que culturelle. Examinons maintenant comment les éléments décrits se transposent dans les textes de quelques artistes et écrivains acadiens[91].

5. Pratiques contemporaines

Comme les artistes acadiens se produisent de plus en plus sur la scène internationale (surtout en France), il nous a semblé intéressant d'étudier si et comment ces derniers se servent de leurs particularités linguistiques pour se distinguer des artistes québécois[92]. Cette volonté de rendre compte de leur

---

[89] Cela ne signifie pas que les Québécois n'agissent pas aussi comme modèles linguistiques, mais dans l'imaginaire collectif, les Français les supplantent. Dans les corpus oraux, plusieurs Acadiens, par exemple, se targuent de ne pas diphtonguer comme le font les Québécois, ce qui les rapproche des Français.

[90] On trouve dans le discours de jeunes par exemple : «moi, je parle avec des petits mots, avec mon petit acadien, avec ma petite langue» (Boudreau 1991).

[91] Si je me concentre dans ce texte sur le monde artistique, c'est parce qu'il est le plus à même d'illustrer la complexité et la multiplicité des représentations linguistiques et leur actualisation dans un matériau tangible.

[92] Les artistes (littéraires, chansonniers) se produisent de plus en plus au Québec et en France. Dans le cadre d'un projet intitulé *La francité transnationale* dirigé par Monica Heller de l'Université de Toronto, nous avons réalisé 23 entretiens avec des artistes, des producteurs de spectacles, des gestionnaires de productions culturelles, dont cinq réalisés en France avec des producteurs français; nous avons pratiqué une forme d'observation ethnographique en Acadie en assistant aux spectacles, aux répétitions, aux conférences de presse. Nous avons également recueilli diverses informations sur les artistes acadiens s'étant produits à l'étranger à partir de sites web, de bulletins d'information, de coupures de presse de journaux canadiens et français. Nous analysons la réception des spectacles acadiens à l'étranger et nous cherchons à comprendre comment les artistes construisent leur identité à partir de leurs différences linguistiques. Ce projet a reçu l'appui du CRSH (Conseil de Recherche en Sciences Humaines du Canada) de 2004-2007.

identité particulière prend différentes formes. Certains artistes usent de traits linguistiques auparavant stigmatisés, comme les archaïsmes ou le mélange de langues pour témoigner d'une certaine « authenticité », qualité de plus en plus recherchée dans le nouveau marché mondialisé menacé par l'uniformisation. D'autres encore associent *tradition* et *modernité*, mais une tradition revisitée et renouvelée laissant transparaître la multiplicité des références qui pétrissent et renouvellent l'identité acadienne.

Pensons par exemple au dernier disque de Mari-Jo Thério (2005), intitulé *Les Matins habitables,* où l'artiste chante une chanson traditionnelle acadienne, *Évangéline*[93], ainsi que ses propres compositions, lesquelles donnent une place importante au chiac. Pour exprimer la complexité de la situation linguistique acadienne telle qu'elle la perçoit, elle puise à même un répertoire diversifié mettant côte à côte le chiac le plus anglicisé (dans sa chanson *Moncton*) et le français standard (dans sa chanson *Brille, brille petite tortue*). Pensons également au groupe de musiciens, *Grand Dérangement*, de la Nouvelle-Écosse, qui met en scène l'acadjonne[94] dans leurs chansons et qui émaillent leurs textes de réflexions métalinguistiques comme dans la chanson *L'homme à point d'accent* (« L'homme qui n'a point d'accent ») où les auteurs plaident pour la reconnaissance des différents accents de la francophonie. Le refrain est le suivant :

> C'est moi l'homme à point d'accent
> Tu me connais ça fait longtemps
> Puis si tu trouves que j'en ai un
> Arrête-toi donc puis écoute le tien

---

[93] leurs différences linguistiques. Ce projet a reçu l'appui du CRSH (Conseil de Recherche en Sciences Humaines du Canada) de 2004-2007.

[93] La chanson est tirée du poème épique écrit par Longfellow (1847), qui raconte la tragique histoire de deux amoureux séparés par la déportation des Acadiens qui eut lieu de 1755 à 1763.

[94] *L'acadjonne :* Nom donné à la variété de français parlé par une majorité d'Acadiennes et d'Acadiens de sud-ouest de la Nouvelle-Écosse. Sur le plan phonétique, on retrouve notamment la réalisation dite saintongeaise du [j] comme dans *ta hupe* [ta jupe], la voyelle nasale [in] qui se prononce [an] en finale accentuée libre comme dans *je veux du pan* pour 'je veux du pain'. Sur le plan morphologique, les locuteurs de cette région partagent avec d'autres régions acadiennes l'usage du -*ont* et du -*iont* à la troisième personne du pluriel, comme dans *ils avont, ils chantiont* pour 'ils ont, ils chantaient'. Toutefois, l'usage du *je* collectif accompagné du morphème -*ons* comme dans *j'avions, je gagnons, je chantions* est un trait distinctif des parlers néo-écossais, comme l'est également la négation en *point*, comme dans *j'en avons point* (pour 'nous n'en avons pas').

Le mouvement vers la différenciation est le même en littérature. Puisque « la tâche principale des fondateurs de littérature, c'est en quelque sorte de 'fabriquer de la différence' » (Casanova 1999 : 302), c'est aussi de ce côté que s'orientera la littérature acadienne, avec toutes les hésitations d'une communauté minuscule qui tente de se démarquer des autres cultures francophones mais sans s'en détacher complètement. Elle tentera elle aussi de marquer une différence avec l'idiome français en insistant sur l'une ou l'autre des caractéristiques qui la distinguent, les archaïsmes ou les anglicismes. La romancière Antonine Maillet a misé sur les premiers, le poète Gérald Leblanc sur les seconds. Voyons comment tous deux ont contribué à agir sur les représentations en proposant une autre façon de se réapproprier le fait d'être francophone.

Avec *La Sagouine,* parue en 1971, Antonine Maillet a montré la difficulté, voire l'impossibilité de définir l'identité acadienne en s'alignant sur la norme du français classique ; elle a donc mis en scène les traits archaïques du français acadien pour donner une spécificité à la littérature acadienne. Je ne reproduis pas ici un extrait de *La Sagouine,* le texte étant suffisamment connu, mais je me permets de citer un extrait de *Par derrière chez mon père*, paru un an plus tard, qui reprend en substance les mêmes thèmes et qui invite à repenser les éléments traditionnellement constitutifs de l'identité :

« Un Acadien, qu'est-ce?
　　—C'est la même chose qu'un Québécois?
　　—Non, c'est pas la même chose.
　　—C'est un Canadien, alors?
　　—Non plus, pas tout à fait.
　　—Un Québécois est-il un Canadien?
　　—De moins en moins.
　　—Un Français?
　　—C'est difficile à dire.
　　—Alors un Acadien n'est ni français, ni canadien, ni québécois; il est quoi, au juste?
　　—Un Acadien.
　　—Mais l'Acadie n'est pas un territoire juridique, n'est-ce pas une ancienne colonie rayée de la carte en 1713?
　　—Rayée de la carte, et pourtant elle est là.
　　—Mais juridiquement parlant, elle n'est rien.
　　—On ne parle jamais juridiquement chez nous.
　　—Tout de même, vous reconnaissez que l'Acadie n'est pas une circonscription administrative indépendante, qu'elle n'est plus une unité territoriale reconnue.
　　—. . .
　　—N'est-ce pas?
　　—Pas reconnue, non, mais connue de tout le monde.

—Bon, puisqu'on la connaît, elle est quoi précisément?

[...]

—Je vais vous expliquer. . . Ou plutôt, je vais vous raconter. Vous savez, au pays, on a gardé assez longtemps la langue des temps anciens. Pas pour faire exprès, mais parce qu'on n'avait pas le choix. Quand on est tout seul durant deux siècles entre la mer et la forêt à parler ce français emporté de Touraine, et qu'on n'entend pas autre chose, et. . . et qu'on ne la trouve pas si mauvaise cette langue de Rabelais et de la Reine de Navarre : cette langue gonflée de grous mots qui vous sortent tout drouette des pigrouins, et vous ébarouissent, et vous grafignent le gorgoton, et vous fouettent comme une hâriotte, djable, vous la gardez c'te langue, et une bonne escousse » (Maillet 1972 : 85-87).

Maillet mise sur la réhabilitation des archaïsmes pour donner une spécificité à la langue acadienne tout en exhortant le lecteur, quel qu'il soit, à penser autrement son rapport au monde et à la langue française. La porte s'ouvre sur les nombreuses possibilités de concevoir la francophonie hors des grandes traditions françaises qui ont jusque-là marqué la plupart des régions francophones du monde. Gérald Leblanc poursuivra la même méthode en inversant et en radicalisant la démarche. Au lieu d'un retour aux sources et aux origines comme le fait Maillet, Leblanc mise à la fois sur les archaïsmes[95] (le français acadien)[96] et les anglicismes (le chiac). Son rapport à la langue est marqué par l'américanité, le Québec et la France et ces trois relations sont présentes dans son œuvre qu'il veut résolument urbaine et tournée vers l'avenir[97]. L'un de ses recueils s'appelle *L'éloge du chiac* et dans son texte liminaire, il déclare :

> Le chiac est une invention humaine qui passe de bouche en bouche jusqu' à l'expression inédite d'une réalité et d'un contexte. De nombreux poètes sont plurilingues, dans la même langue, et je

---

[95] J'utilise « archaïsme » en le comparant ici au français de référence; on pourrait tout aussi bien parler des traits régionaux en les traitant sous l'angle de la variation canadienne. Mais j'use du terme « archaïsmes » parce c'est le terme le plus couramment employé et parce que ce sont ces dits archaïsmes qui alimentent les représentations linguistiques des locuteurs.

[96] Je suis très consciente qu'il est difficile de délimiter les frontières entre les variétés linguistiques d'une région, celles-ci se chevauchant et se superposant, mais ici, il importe de noter que ce sont les locuteurs eux-mêmes qui donnent des noms aux différentes variétés.

[97] Le poème de Gérald Leblanc intitulé *Identité(s)* (voir Gérin et Boudreau 2007) en constitue l'illustration magistrale. Dans ce poème, l'auteur réclame une identité plurielle. Sur le plan linguistique, il revendique le français de référence, le français acadien (l'aspiration des h dans certains mots comme *homard, haler, haschisch*), l'anglais (pour *jurer* mais aussi pour *lire et chanter* - il nomme les auteurs et les chansonniers anglophones qu'il aime), le chiac et l'espagnol, toutes ces langues qui le caractérisent et qui lui offrent « une autre façon de dire» le monde.

ne m'en inquiète guère, y a vraiment rien de wrong avec ça... ce n'est plus le moment de taire ce que nous avons à dire et encore moins la façon de le dire. Ça chatouille la luette, ça dégourdit l'oreille » (Leblanc 1995 : 12).

Pour ce dernier, le mélange de langues et la tension linguistique qui caractérisent l'Acadie constituent l'un des moteurs les plus puissants de son écriture. Dans ses textes, il propose, tout comme Maillet, une rupture idéologique avec la façon de se concevoir comme francophone et accentue les différences d'avec la culture classique en mettant de l'avant une identité plurielle qu'il construit en puisant à même les multiples répertoires linguistiques et culturels à sa disposition.

A partir des années 1970, le discours monolithique axé sur un modèle linguistique uniformisant a laissé place à d'autres qui ont donné une légitimité à des variétés de langue longtemps exclues des marchés officiels. Auparavant, la langue d'une majorité de locuteurs issus de milieux bilingues était reléguée dans des espaces restreints de la communication, mais cette parole longtemps stigmatisée se fait maintenant entendre dans l'espace public. De plus, le succès des productions culturelles acadiennes à l'étranger fait en sorte que de plus en plus d'artistes francophones, qui auparavant se produisaient sur la scène anglophone et qui composaient en anglais, voient maintenant un avantage à produire et à se produire en français, dans leur français.

Selon des constats tirés d'une série d'entretiens réalisés dans le cadre du projet décrit plus tôt, les artistes oscillent constamment entre deux pôles, l'assimilation ou le désir de se conformer à ce que l'on appelle le français international ou le français de référence, et la différenciation ou la volonté d'affirmer sa/ses différence(s). Avec la mondialisation qui suppose la multiplication des contacts avec l'extérieur, les Acadiens tentent d'élargir leur répertoire pour permettre la plus grande intercompréhension possible avec les autres francophones, sans pour autant se départir des particularités linguistiques qui fondent leur spécificité et qui les caractérisent.

Conclusion

Si les petites nations n'ont jamais eu la sensation heureuse d'être là comme le souligne Milan Kundera dans *Les Testaments trahis* (2003), il existe maintenant avec la francophonie des espaces *autres* où « dire sa différence », où *habiter la distance* selon la formule heureuse de François Paré (2003), *différence* et *distance* qui se donnent à vivre dans ces espaces composites qui se construisent dans les multiples rencontres avec *l'autre francophone*. France Daigle, romancière acadienne, fait écho à ces propos lorsqu'elle fait dire à un personnage de son roman *Pas Pire (1998)*, invité à l'émission « Bouillon de culture », qui imagine sa prestation à la célèbre émission:

> Et puis, qu'est-ce que je leur dirais à *Bouillon de culture* ? Que la mort ou tout au moins l'inexistence, est inscrite dans nos gènes ? Que tout repose dans la manière, dans l'art de s'y faire ? Que tout est affaire de *légitimation* ? Légitimité de ce que nous sommes aux yeux du monde et à nos propres yeux. Être et paraître. Par/être, être par. Voir et être vu. Reconnu. Que tout ne repose pas sur l'arbitraire, l'invisible et l'injuste. *Remonter le cours de l'histoire, descendre dans l'inconscient à la recherche de fondements, d'explications, de justifications, d'interprétations de sa propre existence dans des lieux où il n'y a aucune autre manière d'être, d'exister*, de voir et d'être vu, reconnu. Et enfin, peut-être que oui, pour toutes ces raisons, écrire (*op. cit.* : 107, c'est moi qui souligne).

Cette légitimation suppose une prise en charge des particularités culturelles et linguistiques et une mise à distance à l'égard des idéologies linguistiques voulant que la langue, dans ce cas-ci le français, soit uniforme. Les Acadiens se disent francophones et se revendiquent comme tels, mais pour se sentir vraiment partie de la francophonie, il faut qu'ils puissent parler dans le français qui est le leur avec les formes qui les caractérisent, peu importe que ces formes soient conformes ou non au «français de référence», car comme l'affirme Didier de Robillard (2000 : 88):

> [...] exclure ces formes de français de la catégorie 'français' aurait l'avantage de préserver l'unité d'une langue autour de son modèle fictif, le 'français standard', et sa conformité à l'image que les francophones 'traditionnels' s'en font, mais l'évident inconvénient, à long terme, d'exclure du même coup de nombreux locuteurs qui considèrent qu'ils parlent une forme de français.

Références

Arrighi, Laurence 2005. *Étude morphosyntaxique du français parlé en Acadie. Une approche de la variation et du changement linguistique en français*, Thèse de doctorat, Université d'Avignon.

Baggioni, Daniel 1997. *Langues et nations en Europe*, Paris, Éditions Payot et Rivages.

Beaulieu, Gérard 1993. « Les médias en Acadie », *in* Jean Daigle (dir.), *L'Acadie des Maritimes. Études thématiques des débuts à nos jours*, Université de Moncton, Chaire d'études acadiennes : 505-542. ·

Boudreau, Annette 1991. « Les rapports que de jeunes Acadiens entretiennent avec leur langue et avec la langue », *Égalité, Revue acadienne d'analyse politique* (Université de Moncton), 17-37.

Boudreau, Annette 1998. *Représentations et attitudes linguistiques des jeunes de l'Acadie du Nouveau-Brunswick*, Thèse de doctorat, Université Paris-X, Nanterre.

Boudreau, Annette 2001. « Le français de référence entre le même et l'autre : l'exemple des petites communautés », *in Le français de référence. Constructions et appropriations d'un concept*, (Cahiers de l'Institut de linguistique de Louvain (Louvain-La Neuve)), 111-122.

Boudreau, Annette 2005. « Le français en Acadie : maintien et revitalisation du français dans les provinces maritimes », *in* Albert Valdman, Julie Auger et Deborah Piston-Hatlen (dirs.), *Le français en Amérique du Nord, état présent*, Ste-Foy, Presses de l'Université Laval, 439-454.

Boudreau, Annette 2008. « La nomination de la langue acadienne ; parcours et enjeux »., *in* J. de Finney Morency, H. Destrempes (dirs*.), L'Acadie des origines : mythes et figurations d'un parcours littéraire et historique,* Université de Moncton Coll. Une autre Amérique, publiée par la Chaire de recherche du Canada sur l'analyse littéraire interculturelle) (à paraître).

Boudreau, Annette et Lise Dubois, 1993. « J'parle pas comme les Français de France, ben c'est du français pareil; j'ai ma *own* p'tite langue », *in* M. Francard (dir.), *L'insécurité linguistique dans les communautés francophones périphériques. Actes du colloque de Louvain-la-Neuve* (Cahiers de l'Institut de linguistique de Louvain (Louvain-La Neuve), 2), 147-168.

Boudreau, Annette et Lise Dubois 2007. « Mondialisation, transnationalisme et nouveaux accommodements en Acadie du Nouveau-Brunswick », *in* G. Chevalier (dir.), *Les actions sur les langues : Synergie et partenariat. Actes des 3es Journées scientifiques du Réseau Sociolinguistique et dynamique des langues*, Éditions des Archives Contemporaines (Coll. Actualité scientifique), Agence Universitaire de la Francophonie, 69-83.

Calvet, Louis-Jean 1999. *Pour une écologie des langues du monde*, Paris, Plon.

Casanova, Pascale 1999. *La république mondiale des Lettres*, Paris, Seuil.

Crépon, Marc 1996. *Les géographies de l'esprit*, Paris, Payot.

Daigle, France 1998. *Pas Pire*, Moncton, Éditions d'Acadie.

Gérin, Pierre M. et Raoul Boudreau 2007. « 'Identité(s)'. Poème inédit de Gérald Leblanc », *in Revue de l'Université de Moncton*, Vol. 38, No.1: « Gérald Leblanc, multipiste », 169-180.

Gérin, Pierre M. (éd.) 1990. *Pascal Poirier, Causerie memramcookienne*, éd. critique par Pierre M. Gérin, Chaire d'études acadiennes, Moncton, Nouveau-Brunswick.

Kundera, Milan 1993. *Les testaments trahis*, Paris, Gallimard.

Leblanc, Gérald 1995. *Éloge du chiac*, Moncton, Éditions Perce-Neige.

Maillet, Antonine 1971. *La Sagouine*, Ottawa, Leméac.

Maillet, Antonine 1972. *Par derrière chez mon père*, Montréal, Leméac.

Milroy, Leslie et James Milroy 1987. *Authority in Language*, London, Routledge.

Paré, François 2003. *La distance habitée*, Hearst, Le Nordir.

Péronnet, Louise 1989. *Le parler acadien du Sud-Est du Nouveau-Brunswick.* New York, Peter Lang.

Péronnet, Louise 1995. « Le français acadien », *in* P. Gauthier et T. Lavoie (dirs.), *Français de France et français du Canada.* Lyon, Université Lyon III Jean Moulin, Centre d'études linguistiques Jacques Goudet (Série dialectologie), 199-239.

Perrot, Marie-Ève 1995. *Aspects fondamentaux du métissage français / anglais dans le chiac de Moncton (Nouveau-Brunswick, Canada).* Thèse pour le doctorat, Université de la Sorbonne Nouvelle.

Perrot, Marie-Ève 2005. « Le chiac de Moncton : description synchronique et tendances évolutives », *Le français en Amérique du Nord*, Québec, Presses de l'Université Laval, 307-326.

Poirier, Claude 2003. « Pourquoi parle-t-on comme on parle? », *in Égalité, Revue acadienne d'analyse politique* (Université de Moncton), N° 49 : « Actes des Journées de réflexion sur l'aménagement du français au Nouveau-Brunswick », 113-130.

Robillard, Didier de 2000. « F comme la guerre des francophones n'aura pas lieu », *in* Bernard Cerquiglini, Jean-Claude Corbeil, Jean-Marie Klinkenberg et Benoît Peeters (éds.), *Tu parles! ? Le français dans tous ses états.* Paris, Flammarion, 87-88.

Tabouret-Keller, Andrée 1997. « Les enjeux de la nomination des langues. Présentation », *in* Andrée Tabouret-Keller (éd.), *Le nom des langues, 1. Les enjeux de la nomination des langues*, Louvain-La-Neuve, Peeters, 5-20.

Thériault, Joseph-Yvon 2007. « Convergences et divergences au sein des nationalismes acadiens et québécois », publié en 1999 dans *Le dialogue avec les cultures minoritaires*, Québec, PUL, 113-130) et republié en 2007 dans *Faire société. Société civile et espaces francophones.* Sudbury, Prise de parole, Agora, 257-272.

Thério, Marie-Joe 2005. *Les Matins habitables*, GSI Musique, Distributeur Select.

Wiesmath, Raphaële 2006. *Le français acadien. Analyse syntaxique d'un corpus oral recueilli au Nouveau-Brunswick (Canada)*. Paris, L'Harmattan.

Le cadien : un français avancé?[*]

Francine A. Girard

Université d'Agder
Université d'Oslo

Introduction

Le cadien[98] est une variété de français parlée dans le sud-ouest de la Louisiane aux Etats-Unis, une région dénommée Acadiana, un triangle ayant pour base la côte du Golfe du Mexique et pour sommet, la paroisse d'Avoyelles, un espace qui regroupe 22 paroisses depuis la législation de 1968 (Brasseaux 1998 :17). Bien que l'on ne dispose pas de chiffres véritablement fiables (Rousseau 2001 : 137), on estime à 250.000 personnes environ le nombre de ses locuteurs, descendants pour beaucoup d'Acadiens déportés du Canada en 1755 lors de ce qui a été appelé le « Grand dérangement ». Le cadien est un français essentiellement oral, dérivé de dialectes du Grand-Ouest de la France, Poitou et Saintonge principalement, comme le montrent les travaux de Geneviève Massignon (1962) et de Catherine Bodin (1987). Ses locuteurs ayant vécu quasiment en autarcie jusqu'au début du 20ᵉ siècle, ce parler présente un certain nombre de particularismes intéressants dans une perspective de variation.

---

[*] Le présent article est une version simplifiée de chapitres de ma thèse de doctorat, en préparation. Je tiens à remercier Françoise Gadet, Hans Petter Helland et Ingse Skattum pour leurs remarques précieuses.
[98] La graphie *cadien* – plutôt que *cajun* ou encore *cadjin* – est celle adoptée généralement par les linguistes louisianais.

Cet article focalise sur les pronoms clitiques et l'ordre des mots en cadien et plus spécialement sur l'une des particularités de ce parler : le recul de la cliticisation. Ces phénomènes sont étudiés dans une perspective comparative pour mettre en évidence la ou les source(s) des différences observées avec le français dit standard ou encore de référence. S'agit-il d'archaïsmes, de contact de langues, d'innovations dues à la mise en œuvre de processus d'autorégulation ou encore à la combinaison de certains de ces facteurs?

Nous présenterons brièvement comment les paradigmes sont atteints avant de discuter si le recul de la cliticisation observé représente le résidu d'un état ancien de langue ou s'il s'agit d'une réelle innovation faisant du cadien un français « avancé » pour reprendre le terme introduit par Henri Frei (1929). Nous montrerons que ce recul renforce la tendance à l'analycité et fait du cadien une langue plus régulièrement SVO (sujet-verbe-objet) que le français dit standard, tendance que l'on retrouve dans d'autres formes de français parlé tels que les français populaire et ordinaire décrits entre autres par Françoise Gadet (1989 et 1992) et caractérisés comme « français avancé » en raison de leur côté progressiste.

1. Cadien et variation

Derrière l'étiquette *français cadien* se cache une certaine dose d'ambiguïté et si, comme Roland Breton (1998 : 35) le signale, « la délimitation de l'aire linguistique et culturelle française de Louisiane est restée jusqu'à nos jours un exercice subtil », c'est bien le cas aussi pour la délimitation de l'aire linguistique et culturelle cadienne. En effet bon nombre de paroisses louisianaises se définissent comme cadiennes non pas parce qu'on y parle cadien ou que leurs habitants sont d'ascendance acadienne, mais pour profiter des bénéfices économiques apportés par l'engouement du tourisme pour la culture, la musique et le folklore cadiens. Pour cerner l'extension géographique du cadien, défini ici comme le français parlé par les descendants des Acadiens et d'autres colons ou Indiens qu'ils ont assimilés, nous avons tenu essentiellement compte des travaux de Carl Brasseaux (1992 et 1998) et de Roland Breton (1998). Brasseaux définit les zones colonisées par les deux grandes vagues d'immigration acadiennes qui ont fait suite au « Grand dérangement » de 1755. La première, de 1764 à 1780, voit les Acadiens s'installer à l'ouest de La Nouvelle Orléans, le long du Mississippi, avant d'essaimer ensuite vers les bayous[99] et les prairies situés plus à l'ouest, dans la région située autour de la ville actuelle de Lafayette. La seconde vague débute en 1785 et voit les Acadiens s'établir dans le sud de l'Etat, dans les bayous Lafourche et Terrebonne. La région située dans le

---

[99] Terme désignant une rivière ou un cours d'eau.

nord de l'Acadiana n'a pas été à proprement parler colonisée par les Acadiens, mais par des Français fuyant la France après l'échec de la Révolution au début du 19ᵉ siècle. Breton (1998 : 36) distingue ainsi deux grandes zones francophones cadiennes:

Une zone centrée autour de Lafayette correspondant à la première vague d'immigration
Les zones côtières des bayous Lafourche et Terrebonne correspondant à la deuxième vague

Les données présentées ici proviennent toutes de la première de ces zones. Les exemples sont tirés d'un corpus oral recueilli en 1996[100] et 1997 auquel s'ajoutent quelques exemples extraits des contes cadiens transcrits par Ancelet dans *Cajun and Creole Folktales* (1994) ainsi que de la *Louisiana French Grammar* de Conwell et Juilland (1963).

2. Le recul de la cliticisation en cadien

Les paradigmes clitiques sujet et objets direct et indirect du cadien accusent un recul marqué si l'on compare ce parler au français dit standard (FS) de la métropole.

2.1. Le recul des formes sujets

Le recul des formes sujets se manifeste essentiellement de trois façons, la première, illustrée en (1), étant leur remplacement par des formes non clitiques tels que les pronoms toniques correspondants (a) ou encore le pronom *ça* (b, c et d) :

(1) a. Quand toi es venu.
         Lui travaille asteur.
         'Il travaille maintenant.'
         Nous-autres parlent pas comme ça.
         Vous-autres allent pas à des bals?
         Eux-autres aiment ça, danser.
    b. Ça neigeait.
       Ça mouille.
    c. Les étudiants, après Eunice, ça va à des écoles.
       Un Cadien [générique], ça travaillait pas, ça buvait tout le temps.
    d. Elle, ça dit la bonne aventure.
       Ça fait, ça [mes petits enfants] parle pas français.

---

[100] Les enregistrements de 1996 ont été effectués en collaboration avec le professeur Chantal Lyche de l'Université d'Oslo.

129

Les exemples en (1)a montrent que, pour ce qui est du remplacement des clitiques sujets par des pronoms toniques, la quasi-totalité du paradigme est touchée. Seule la première personne du singulier, *je*, semble résister au phénomène. Les exemples en (1)b, c et d illustrent, quant à eux, l'extension considérable du champ d'emploi du pronom *ça* en cadien (Brown 1988). La forme *ça* peut en effet jouer le rôle du pronom impersonnel *il* du français standard devant les verbes indiquant le temps qu'il fait comme dans les exemples en (1)b et avoir un sens indéfini et exclusif et fonctionner comme une sorte de pronom générique comme en (1)c. Le pronom *ça* peut en outre avoir une lecture spécifique comme en (1)d où il réfère à des êtres animés définis.

La seconde forme de recul du clitique sujet est sa disparition de certains environnements comme le montrent les exemples en (2) :

(2) a. [Il] y a du monde, ils vont pas aller si ils vont pas boire.
    [Il] y en a des tout gris.
    Pour aller à l'école, [il] fallait je marche.
  b. [Je] me souviens.

Cet effacement du clitique sujet, marquant l'existence de phrases à sujet nul dans ce parler, est presque systématique dans les tournures impersonnelles comme en (2)a alors que, dans les autres cas, il ne peut avoir lieu que lorsque le sujet effacé est recouvrable dans le contexte. C'est le cas dans l'exemple en (2)b où le pronom réfléchi est porteur des traits de nombre et de personne.

La troisième forme de recul des clitiques sujets se manifeste finalement par l'absence totale du clitique sujet postposé en cadien et cela aussi bien dans les interrogatives comme en (3)a que dans les incises comme en (3)b:

(3) a. Mais quoi il faisait?
    'Mais que faisait-il ?'
  b.« Tu pourras pas », il dit.
' « Tu pourras pas », dit-il.'

2.2 Le recul des formes objets

Si l'on examine maintenant les formes objets direct et indirect, on peut constater que, d'une façon générale, le cadien limite le nombre d'éléments autorisés entre le sujet et le verbe, ce qui mène à la réduction des violations de l'ordre canonique SVO. Ce phénomène se manifeste de plusieurs façons, la première étant la quasi-disparition du pronom objet neutre *le* qui est, soit effacé comme en (4)a, soit remplacé par *ça* comme en (4)b :

(4) a. Je voyais la domestique [le] faire. (Conwell et Juilland)
    b. J'i dis *ça*.

Le second type de recul qui s'opère au niveau des paradigmes objets se manifeste par le syncrétisme croissant des formes accusatives et datives de la 3ᵉ personne qui s'emploient les unes pour les autres comme le montrent les exemples en (5):

(5) a. Elle voulait que Jane *lui* aide à élever ses enfants.
    Il veut [...] une cheminée pour *lui* chauffer. (Conwell et Juilland)
    b. Je *la* parlais anglais.
    Il *l'*a fait peur.
    Moi, je *les* dis ça.
    Nous *les* pardonnons.
    Tu *les* donnais quelque chose. (Conwell et Juilland)

Dans (5)a, la forme dative *lui* remplit la fonction d'objet direct alors que, dans (5)b, les formes accusatives ont la fonction d'objet indirect. Il faut noter que c'est à la troisième personne du pluriel que ce syncrétisme est le plus avancé et que l'emploi systématique de *les* aussi bien dans la fonction d'objet direct que dans celle d'objet indirect a entraîné la quasi-disparition de *leur* en cadien. Par ailleurs le syncrétisme croissant de ces formes les rend ambiguës, ce qui explique en partie que le cadien évite leur juxtaposition devant le verbe et préfère postposer l'un des deux objets comme dans:

(6)   Moi, je les dis ça.

On pourrait objecter qu'il s'agit, dans le cas des exemples en (5), d'un changement de construction de ces verbes, hypothèse que l'on doit rejeter ainsi que l'indiquent les exemples en (7) où l'on trouve les constructions correspondantes avec un syntagme nominal objet direct et un syntagme prépositionnel objet indirect.

(7)   Elle aide sa mère.
    Je parlais à les petits.
    Il a fait peur à son chien.
    La maman dit à les petits ouaouarons[101] [...] (Ancelet)
    Je pardonne à cila [celui-là].
    Ça donnait du lait à elle et à son petit.

---

[101] Sorte de grosse grenouille.

3. Le recul de la cliticisation n'est ni un régionalisme ni un archaïsme

Le cadien s'étant développé en quasi-autarcie, on pourrait penser que, comme c'est souvent le cas pour les langues d'isolats (Zettersten 1969), les particularismes que nous venons d'observer représentent des archaïsmes ou des régionalismes. Il s'agirait alors de traits que l'on retrouverait dans le français parlé au début du 17e siècle, période à laquelle les ancêtres des Cadiens ont quitté la France, ou encore dans les dialectes du Grand-Ouest et plus particulièrement ceux du Poitou et de la Saintonge, régions d'où est partie la majeure partie de ces colons (Massignon1962).

Nous devons toutefois souligner qu'une comparaison avec ces variétés de français pose un problème majeur au niveau des données, car nous ne les connaissons que de façon indirecte, par le biais de l'écrit. Il faut en conséquence s'interroger sur leur validité et se demander dans quelle mesure les traces écrites dont nous disposons – qu'il s'agisse des dialectes du 17e siècle ou du français parlé de cette même époque – nous permettent d'avoir accès à la langue parlée par les premiers Acadiens. Une discussion de fond sur ce problème dépasserait le cadre limité de cet article. Nous nous contenterons de mentionner le travail de Wendy Ayres-Bennett (2004) sur le français du 17e siècle dans lequel elle discute en détail de cette question. Elle démontre comment on peut, à l'aide de plusieurs types de sources intéressantes comme entre autres les écrits des « remarqueurs » (auteurs de *Remarques* sur le bon usage) ou encore le journal tenu par le docteur Héroard, éducateur du jeune Louis XIII, non pas reconstituer la langue parlée de l'époque, mais se prononcer, même si l'on ne peut le faire qu'avec une certaine réserve, sur des phénomènes de l'oral au 17e siècle. Pour ce qui est des dialectes de cette même période, nous ne disposons là encore que de modestes traces écrites, parfois outrées, chez les auteurs de l'époque. Il est cependant possible d'affirmer que les parlers locaux de France connaissent une relative stabilité depuis les 16e-17e siècles et que les travaux plus récents sur ces dialectes peuvent fournir des informations précieuses (Greub 2003 : 17).

3.1. La cliticisation en poitevin-saintongeais

Nous donnerons ici un rapide aperçu du système pronominal en poitevin-saintongeais qui focalisera sur les aspects pertinents pour notre comparaison avec le cadien. Les données présentées proviennent des travaux de Michel Gautier (1993), François de La Chaussée (1966), Pierre Rézeau (1976) et Lars-Owe Svenson (1959).

3.1.1. Les formes sujets

Une étude du paradigme sujet montre qu'il existe peu de similitudes entre ces dialectes et le cadien. Le paradigme sujet atone est utilisé à toutes les personnes. On ne trouve pas d'emploi généralisé de *ça* comme c'est le cas en cadien et c'est le pronom *on* qui s'emploie comme sujet impersonnel devant les verbes indiquant le temps qu'il fait :

On mouille. (Svenson)
'Il pleut.'
O/ou fét bea. (Gautier)
' Il fait beau.'

La présence du clitique sujet inversé est attestée en poitevin et lorsque l'inversion a lieu, le pronom sujet est employé avant le verbe et repris après:

Al et el la? (Svenson)
litt.: Elle est-elle là ?
'Est-elle là?'

Le mange-t-i ben? (Svenson)
litt.: Il mange-t-il bien ?
'Mange-t-il bien?'

O m´uy t ó? (Rézeau)
litt.: On mouille-t-on ?
'Pleut-il?'

3.1.2. Les formes objets

Pour ce qui est des formes objets direct et indirect, le nombre de clitiques préposés au verbe est limité, mais à un moindre degré qu'en cadien puisque cette réduction a lieu uniquement lorsque l'objet indirect est *lui* ou encore *leur*:

(10) Faut poét lou dir'. (Svenson)
  'Il ne faut pas [le] leur dire.'

Dans les autres cas, on a deux objets préposés:

A m lé vend. (Svenson)
'Elle me les vend.'

De n´u ó dir. (Rézeau)
'De nous le dire.'

133

I y ó d´un. (Rézeau)
litt. : Je lui le donne.

Y li uz/óz é dit. (La Chaussée)
litt. : Je lui le ai dit.

Il faut aussi noter que l'on ne trouve pas dans ces dialectes la tendance cadienne à remplacer le clitique objet par *ça*. D'après La Chaussée (1966 : 196) *cela* et *ça* sont inconnus du poitevin.

Cet aperçu du système pronominal du poitevin-saintongeais, bien que très succint, permet de conclure que les particularismes du comportement des pronoms atones du cadien ne se retrouvent pas, pour la plupart, dans ces dialectes. Le recul de la cliticisation que nous avons observé en cadien ne peut donc être considéré comme un résidu de ces parlers.

3. 2. La cliticisation fin 16e- début 17e siècles

Le système des pronoms personnels à la fin du 16e siècle et au début du 17e siècle est relativement semblable à celui du français moderne (Skårup 1975, Picoche et Marchello-Nizia 1996, Marchello-Nizia 1995 et 1999) et lorsqu'on observe des différences de comportement avec le français moderne, elles sont d'un autre ordre que celles observées en cadien.

3.2.1. Les formes sujets
Les pronoms sujets atones de cette période diffèrent quelque peu de ceux du cadien en ce sens qu'ils conservent une certaine autonomie puisqu'ils peuvent être séparés du verbe par des éléments non clitiques :

(12) Je, dist frere Jean, ne suis point clerc. (Rabelais, dans Gougenheim 1954)

Ils peuvent en outre être inversés non seulement dans les interrogatives, mais aussi après un adverbe situé en tête de phrase comme l'illustrent les exemples en (13) :

(13) Que met-on au corbillon ? (Héroard)
     Toutesfoiz firent ilz la meilleur chiere. (J. de Paris, dans Gardner et Greene 1958)

L'une des rares similitudes de comportement que l'on peut observer avec le cadien est l'effacement possible du clitique sujet dans les structures impersonnelles :

(14) Et [il] semble que pour estre amant [...]. (H. d'Urfé, dans Spillebout 1985)

3.2.2. Les formes objets

Pour ce qui est des formes objets, on peut noter là encore que l'usage de cette période diffère peu de celui du français moderne comme le montrent les transcriptions du parler du petit Louis XIII dans le journal tenu par son éducateur, le médecin Héroard, où les compléments d'objet direct *vous* et *me* (15) et indirect *me* (16) sont exprimés :

Hé papa je *vous* suplie tes humblement vené *me* voi. (Héroard)
Mousseu Eroua i faut que vous *me* donné de peti chien quand Oriane les aura fai. (Héroard)

La seule similitude de comportement que l'on puisse observer avec le cadien est le fait que l'objet direct *le* peut être effacé et ce, que le verbe se contruise avec un seul objet comme en (17) ou deux comme en (18) :

(17) [...] avant qu'ils sauraient [le] faire. (Malherbe, dans Spillebout 1985)
(18) Comme si souvent vous m' [me l'] avez dit. (H. d'Urfé, dans Spillebout 1985)

Cette rapide comparaison entre le cadien, d'un côté, et le poitevin-saintongeais et le français des 16e-17e siècles, de l'autre, montre que seul un nombre très limité des particularismes observés en cadien se retrouve dans ces variétés de français. Nous sommes donc en droit de conclure que le recul de la cliticisation observé en cadien ne semble pas être un résidu d'un état de langue plus ancien, mais pourrait être une innovation.

4. Le recul de la cliticisation en cadien: une innovation qui en fait un français avancé?

Si l'on considère maintenant que ce recul de la cliticisation représente une innovation, nous pouvons également constater que, malgré l'isolation des locuteurs cadiens, cette innovation suit le cours général de l'évolution de la langue française. En effet l'un des phénomènes importants dans l'évolution du français est la quasi-généralisation de l'ordre SVO (Picoche et Marchello-Nizia 1996). Or nous avons vu que le cadien pousse plus loin que le français standard la systématisation de l'ordre SVO, en se débarrassant complètement du clitique inversé, en syncrétisant les deux paradigmes objets direct et indirect et en réduisant le nombre des clitiques entre le sujet et le verbe, soit en les effaçant, soit en les remplaçant par le pronom *ça*. On pourrait alors être tenté de caractériser ce français comme « avancé » à l'instar d'autres variétés orales telles que les français ordinaire ou populaire dont on a souligné le caractère progressiste dû, en partie, au fait qu'elles ont pu suivre le cours de leur évolution, sans avoir à subir l'effet correcteur de la norme.

Gadet (1989) considère que les différences observées en français ordinaire par rapport au français standard indiquent les tendances d'un fonctionnement ou d'une évolution dont elle résume ainsi les caractéristiques:

tendance à la fixité de l'ordre SVO
tendance à l'analycité
tendance à l'invariance

Le recul de la cliticisation, représentatif des deux premières tendances, à savoir la fixité de l'ordre SVO en limitant le nombre de clitiques objets préposés au verbe et la tendance à l'analycité en préférant au clitique datif un syntagme prépositionnel, constitue ainsi l'une des caractéristiques du cadien qui permet de caractériser ce parler de français « avancé ».

Si l'on compare pour terminer le système pronominal du cadien à celui du français ordinaire, on peut noter que la tendance à la fixité de l'ordre des mots est encore plus marquée, plus régulièrement SVO en cadien que dans les variétés étudiées par Gadet (1989 et 1992).

En effet nous avons pu observer en cadien l'absence totale du pronom clitique inversé. Ceci n'est pas le cas en français ordinaire où l'inversion du clitique sujet est attestée même si elle est peu fréquente :

(19) Pourquoi donc est-il parti? (Gadet 1989)

Nous avons aussi noté la réduction en cadien des deux paradigmes objets direct et indirect à un seul, ce qui permet de limiter considérablement les violations de l'ordre SVO. Ce phénomène se retrouve en français populaire et ordinaire où le nombre de clitiques objets préposés au verbe peut se voir réduit comme en (19), où le clitique objet *les* est effacé, ou en (20), où il est remplacé par *ça* :

(20) On lui a demandé ses papiers. Elle avait pas sur elle. (Gadet 1992)

(21) Je lui raconterai ça. (Gadet 1992)

Il faut cependant souligner qu'à la différence du cadien, on n'assiste pas en français ordinaire au syncrétisme des formes objets direct et indirect de la troisième personne du pluriel et que la forme *leur* demeure bien vivante:

(22) Des jeunes qu'i(ls) leur sont destiné. (Gadet 1989)

Nous mentionnerons pour terminer que le recul de la cliticisation observé en cadien révèle une tendance à l'analycité encore plus prononcée qu'en français parlé ou ordinaire puisqu'on préfère employer un syntagme prépositionnel plutôt qu'un clitique datif.

Conclusion

Bien que nous devions garder une certaine réserve en ce qui concerne la fiabilité des données concernant les dialectes et le français parlés au début du 17e siècle, nous pensons avoir montré que les particularités du système pronominal cadien ne sont pas des résidus d'un état de langue plus ancien. Une comparaison avec le français ordinaire et populaire nous a permis de conclure que l'évolution du système pronominal du cadien en fait un français encore plus « avancé » que ces variétés. Je terminerai en soulignant que cette conclusion est d'autant plus intéressante que, le cadien s'étant développé sans contact avec la France pendant plus de trois siècles, on aurait pu penser que son évolution suivrait un cours différent de celui de sa matrice sous l'influence du contact avec l'anglais. Son évolution, allant dans le même sens que celle des autres variétés de français oraux de la métropole, corrobore en fait l'hypothèse émise déjà par Sapir (1921) selon laquelle l'évolution des langues d'une même famille est dictée par une même logique interne, hypothèse qui expliquerait la présence de certains invariants dans les différents types de français oraux. Ces changements seraient ainsi dûs à des facteurs intrasystémiques (Chaudenson *et al.* 1993), le contact avec l'anglais ayant pu jouer un rôle de catalyseur là où il y a convergence entre l'anglais et le français.

Références

Ancelet, Barry 1994. *Cajun and Creole Folktale*, New York, Garland Publishing.

Ayres-Bennett, Wendy 2004. *Sociolinguistic Variation in Seventeenth-Century France,* Cambridge, Cambridge University Press.

Bodin, Catherine 1987. The Dialectal Origins of Louisiana Acadian French, UMI (University Microfilms) Dissertation Services.

Brasseaux, Carl 1992. *Acadian to Cajun. Transformation of a People, 1803-1877*, Jackson, University Press of Mississippi.

Brasseaux, Carl 1998. « Acadian Settlement Patterns, 1765-1900 », *in Creoles and Cajuns. French Louisiana – La Louisiane Française*, Frankfurt am Main, Peter Lang.

Breton, Roland J.-L. 1998. « Comment mesurer l'extension géographique de la francophonie en Louisiane ? » *in Creoles and Cajuns : French Louisiana – La Louisiane Française*, Frankfurt am Main, Peter Lang.

Brown, Rebecca 1988. *Pronominal Equivalence in a Variable Syntax*, Unpublished Ph.D. dissertation, University of Texas at Austin.

Chaudenson, Robert, Raymond Mougeon et Edouard Béniak 1993. *Vers une approche panlectale de la variation du français*, Paris, Didier Erudition.

Conwell, Marylin Jane et Alphonse Juilland 1963. *Louisiana French Grammar*, La Haye, Mouton.

Frei, Henri. 1929 *La grammaire des fautes*, Genève, Slatkine.

Gadet, Françoise 1989. *Le français ordinaire*, Paris, Armand Colin.

Gadet, Françoise 1992. *Le français populaire*, Paris, Presses Universitaires de France.

Gardner, Rosalyn et Marion A. Greene 1958. *A Brief Description of Middle French Syntax*, Chapel Hill, The University of North Carolina Press.

Gautier, Michel 1993. *Grammaire du poitevin-saintongeais. Parlers de Vendée, Deux-Sèvres, Vienne, Charente, Charente-Maritime*, Mougon, Geste éditions.

Gougenheim, Georges 1954. *Grammaire de la langue française du seizième siècle*, Paris, IAC.

Greub, Yan. 2003 *Les mots régionaux dans les farces françaises*, Strasbourg, Société de Linguistique Romane.

Haase, Albert 1914. *Syntaxe française de XVIIe siècle*, Paris, Delagrave.

Héroard, Jean 1989. *Journal de Jean Héroard, médecin de Louis XIII. Présentation notes de Madeleine Foisil*, Paris, Fayard.

La Chaussée, François de 1966. *Les parlers du Centre-Ouest de la Vendée*, Paris, Editions d'Artrey.

Marchello-Nizia, Christiane 1995. *L'évolution du français: ordre des mots, démonstratifs, accent tonique*, Paris, Armand Colin.

Marchello-Nizia, Christiane 1999. *Le français en diachronie: douze siècles d'évolution*, Paris, Ophrys.

Massignon, Geneviève 1962. *Les parlers français d'Acadie*, Paris, Klincksieck.

Picoche, Jacqueline et Christiane Marchello-Nizia. 1996. *Histoire de la langue française*, Paris, Nathan.

Rézeau, Pierre 1976. *Un patois de Vendée. Le parler rural de Vouvan*, Paris, Klincksieck.

Rousseau, Arnaud 2001. *Les Cadjins de la Louisiane, destin d'une communauté francophone des Etats-Unis, une interprétation géographique*, Thèse de Doctorat, Université de Paris- Sorbonne.

Spillebout, Gabriel 1985. *Grammaire de la langue française*, Paris, Picard.

Sapir, Edward 1921. *Language: An Introduction to the Study of Speech*, New York, Harcourt.

Skårup, Povl 1975. *Les premières zones de la proposition en ancien français*, Copenhague, Munksgaard forlag.

Svenson, Lars-Owe 1959. *Les parlers du marais vendéen*, Göteborg, Romanica Gothoburgensia.

Zettersten, Arne 1969. *The English of Tristan da Cunha*, Lund, C.W.K. Gleerup.

TROISIEME PARTIE

PROBLEMATIQUES LITTERAIRES

Francophonie ? dit-elle

Beïda Chikhi

**Centre International d'Etudes Francophones,
Université Paris IV-Sorbonne**

Pendant des années, en Algérie, j'ai pu lire, enseigner, analyser des textes dans la seule langue qu'il m'a été donné de maîtriser sans jamais utiliser une seule fois l'épithète « francophone » ni le substantif « francophonie ». Tout semblait aller de soi : je parlais de littérature algérienne, maghrébine, africaine, de langue française[102]. Les guerres de dénomination ne m'intéressaient pas, tout comme, aujourd'hui, sont éloignés de mes préoccupations les débats sur « francophonie, non francophonie ».

En France, depuis 1991, l'épithète et le substantif me sont offerts presque quotidiennement dans mes diverses pratiques comme des notions à appréhender à chaque fois de manière différente ; c'est dire la mobilité sémantique d'une dénomination et d'un concept dont les enjeux dépassent, non point la littérature elle-même, qui au bout du compte les intègre dans un processus ludique et les pervertit, mais ses usagers : les écrivains d'abord, interceptés par les média hors de leur atelier d'écriture, les critiques soumis à la tension des prismes de lectures contradictoires, et enfin les enseignants invités à réajuster ces mêmes prismes à l'aulne de leurs jeunes publics. Ces

---

[102] Voir les titres de mes ouvrages : *Maghreb en textes. Ecriture, savoirs et symboliques*, Paris, L'Harmattan, 1996 ; *Littérature algérienne, désir d'histoire et esthétique*, Paris, L'Harmattan, 1998.

mêmes enjeux (éditoriaux, médiatiques, pédagogiques, culturels, voire esthétiques) amplifiés par les agents politiques réveillent les rivalités les plus sournoises.

En somme, déclinée à tous les modes, à tous les genres, comme la fée Clochette[103], la francophonie est soumise au paraître/disparaître et à l'humeur d'un agitateur masqué ; son apparence et son intérêt varient selon le point de vue à faire valoir. Ce colloque tombe à point nommé. Mais reconnaissons que c'est en France que la francophonie semble poser problème. La même question revient, à peine voilée, comme une litanie : que faire de tout ça ? De tous ces textes écrits en français ? De ces écrivains qui viennent d'ailleurs et se font publier ici, raflent les prix littéraires, envahissent les librairies et les salons littéraires? Comment les nommer ? Où les placer ? Comment les classer ?

Nous pourrions certes répondre vite et bien. Mais ne nous hâtons pas de décider[104]. Evitons les pièges de la classification impulsive, les maladresses de la catégorisation et les impasses de la théorisation hâtive[105]. Prenons plutôt le temps de lire, mais de lire vraiment. Pratiquons le tête-à-texte selon la belle prescription de Roland Barthes. Nos obsessions, nos craintes, nos angoisses de classification, d'étiquetage, de fixation sur les rayonnages des librairies et de théorisations sans lendemain s'atténueraient. Se révélerait alors une nouvelle cohérence, celle qui se cache derrière la complexité des textes francophones, inclassables, parce que suscités par la présence d'une

---

[103] Prénommée Tinker Bell par son créateur, James Matthew Barrie, elle est un personnage secondaire dans le roman, et elle est diversement caractérisée dans les adaptations cinématographiques et bandes dessinées ; elle endosse tour à tour tous les attributs de l'adjuvant et de l'opposant. Trop enrobée et trop visible pour les uns, trop petite et trop souvent cachée pour les autres, amoureuse, fragile, sensible mais également jalouse, colérique, naïve et rancunière, elle a cependant la capacité de se déplacer très rapidement et, grâce à sa poudre, elle permet à Peter, aux Darling et aux garçons perdus de voler. Dans la bande dessinée de Loisel, elle est présentée comme celle qui apprend à Peter à voler. Dans le film *Hook ou la revanche du Capitaine Crochet*, elle est amoureuse de Peter Pan (le seul vœu qu'elle a fait pour elle-même était d'avoir une taille *normale*, pour embrasser Peter Pan). Dans *Kingdom Hearts*, elle est présente sous forme d'invocation après avoir scellé la Serrure du Pays Imaginaire...

[104] « Nous touchons ici, nous rappelle Jacques Derrida, au point de la plus grande obscurité, à l'énigme même de la différence, à ce qui en divise justement le concept par un étrange partage. Il ne faut pas hâter de décider. Deux éperons, telle est l'échéance. Entre eux l'abîme où lancer, risquer peut-être l'ancre. », *L'Ecriture et la différence*, Paris, Seuil, Coll. Points, 1967, p. 48.

[105] Voir à ce propos le très stimulant petit livre de Tzvetan Todorov, *La littérature en péril*, Paris, Flammarion, 2007.

poétique et d'une symbolique en retrait, parfois volontairement occultées. Les grands textes écrits dans une autre langue que la langue attendue d'un écrivain polonais, russe, chinois, sénégalais, ou haïtien... se caractérisent par des effets de déclinaison, de diffraction, de dispersion, de dissémination, qui rendent l'accès difficile à qui cherche la confirmation d'une cohérence préconstruite.

Cette cohérence préconstruite qui barre l'accès aux textes n'est, avant tout, que le résidu de ce que l'école nous a appris à entrevoir dès l'enseignement primaire, à concevoir dès le moyen, à produire dès le secondaire par l'expérience de la dissertation, à perpétuer à l'université. Sans ce lignage pédagogique au sein de la critique, point d'avenir pour l'œuvre, ni pour l'écrivain[106]. Pourtant, nous savons que la littérature, jusque dans ses formes les plus ''canoniques'', les ''plus lisibles'', les plus ''transparentes'', les plus ''blanches'', n'a cessé depuis *L'Âne d'or* d'Apulée, ce roman africain de langue latine, d'attirer l'attention sur l'étrange de ses formes indécidables, sur son absent, son envers, son négatif... Nous n'ignorons pas non plus que « cohérence » signifie « union étroite de divers éléments d'un corps », qu'elle implique une philosophie, une volonté de perception intelligente des divers éléments de ce corps, un effort de mise en rapport du présent et de l'absent, du visible et de l'invisible. Dans un contexte pédagogique, et par souci de clarté, j'ose déclarer que le basculement du texte hors du cadre défini de cohérence, à partir d'un « point aveugle », doit nécessairement se traduire en termes de catégorie de « l'étrange » dans son acception latine : *extraneus*. Autrement dit « hors site » ou « hors de portée », devenu par extension « inaccessible », « incompréhensible ».

Pour une déclinaison de l'étrange[107]

C'est en réfléchissant à cette extension que j'ai formulé la lecture de ces textes en termes de ''déclinaison de l'étrange''. Un examen philologique montre que les textes dits ''étranges'' tablent, consciemment et inconsciemment, sur les effets des diverses acceptions du signifiant « déclinaison » : détournement, refus, rejet d'un revers de main, puis flexions, variations, etc.

---

[106] Il suffit pour s'en rendre compte de se reporter aux anthologies fabriquées selon une grille « très classique », aux programmes conçus pour l'enseignement secondaire, et à l'état des lieux de la recherche à l'université.
[107] J'ai développé les éléments essentiels de cette analyse dans une contribution intitulée « Tête-à-texte pour une déclinaison de l'étrange. A propos de textes réputés difficiles », au colloque *Analyse et enseignement des littératures francophones. Tentatives, réticences, responsabilités*, Centre de Wallonie-Bruxelles, Paris, 31 mai, 1er et 2 juin 2006.

La « déclinaison », pour moi, est une notion majeure de la littérature. Ce dérivé de *clinamen* d'Epicure, signifiant « déviation spontanée des atomes », nourrit tous les champs de la connaissance : de la création à l'interprétation, de l'astronomie à la grammaire, en passant par la physique, la géographie, la cybernétique... Ce qui rapproche, en termes de déclinaison, ces divers champs de la connaissance et de la langue, c'est la flexion. Flexion d'un élément au profit d'un autre. C'est la flexion qui, dans un texte littéraire, crée ces effets d'absence et d'invisibilité, devenus pour les lecteurs, difficultés à éviter, à sauter à pieds joints, ou. au contraire. à transformer en harmonies visuelles ou sonores. Et c'est exactement ce que nous suggère l'attitude du « tête-à-texte » de Roland Barthes, qui nous rappelle dans le même temps qu'une cohérence se conquiert, par un effort de collecte, dans le texte, des éléments de sens dispersés, engloutis, ensevelis, immergés, par l'écriture de la flexion ... sachant que la quête de ces éléments peut devenir source de souffrance et donc d'abandon de l'effort de collecte et qu'elle peut amener à l'horizon la figure blessante du lecteur faible et lâche.

Comment transformer en attirance le rejet de ces flexions, le rejet de tout ce qui se retire dans les coulisses et ne se manifeste que sous des variations subtiles du dedans et du dehors, du visible et de l'invisible. du silence et du fracas ? Comment entrer dans ces textes réputés difficiles et faire de leur étrangeté le commencement d'une expérience en partage ? Pour tenter de répondre à cette question, je prendrai appui sur *Le Miroir de Cordoue*[108] de Nabile Farès, publié en 1994.

L'écrivain s'est toujours défié de ce que les lecteurs attendent en général des écrivains algériens : une notice, d'un certain format, pouvant fournir un supplément de référence sur l'Algérie... Les textes de Farès, qui pourraient constituer d'excellents supports pédagogiques, ne sont pas très présents dans les corpus d'enseignement alors même qu'ils sont lus, secrètement, clandestinement, derrière des lunettes noires, dans des cabines individuelles, anonymes. Pourquoi ? A cette question, l'auteur répond ceci :

> Evidemment, lorsqu'on souhaite, assez violemment, du reste, que je ne sois pas lu, on impose le qualificatif « illisible » comme cela se pratique certaines fois d'une façon obtuse. Mais, illisible, pour qui, à qui ? C'est ce que j'écris en français qui est, pour certains, encore irrecevable, je dirais, pour autant que j'écris sur cette souffrance indigène, pour soi, et, de l'autre, cet autre qui ne veut encore une fois rien en connaître car elle lui fait mal et qu'il ne pense qu'à sa propre douleur et non pas à celle des autres. Oui : le plus difficile de ce monde est de partager la souffrance, la douleur,

---

108 Nabile Farès, *Le Miroir de Cordoue*, Paris, L'Harmattan, 1994.

l'amour. La haine étant ce que l'on partage le plus vite, et, le mieux[109].

J'ai été très sensible à ce propos qui introduit l'idée d'une écriture du dedans et d'une lecture comme partage. Pour Nabile Farès, c'est surtout le refus de lire et de faire lire qu'il faut questionner. Il n'y aurait pas en somme d'incapacité à lire. Farès compare ces textes ''étranges'' à l'art moderne, qui fait écho à une éthique et à une esthétique anciennes, voire archaïques, en tout cas orientées vers l'esprit d'enfance :

> Les enfants sont de plain-pied avec ce que l'art moderne a inventé en littérature, et, dans l'espace sonore, visuel, pictural : bouger la langue, écrire comme le faisait Apollinaire, peindre dans un espace, cet espace mythique intérieur tel qu'il s'est trouvé élaboré, mis en évidence par Klee ou Kandinsky ou Miro, voilà ce qui permet aux enfants étrangers à la langue d'entrer, un peu plus rassurés, dans les contraintes vitales, nécessaires, de la langue[110].

Mettre en rapport le texte étrange avec l'art moderne, c'est du même coup faire ressortir « les contraintes vitales, nécessaires, de la langue ». L'approche artistique moderne pourrait jouer un rôle dans le franchissement du seuil de l'œuvre littéraire : le sens, en littérature, étant affaire de langue et la langue affaire d'intrusion dans les codes d'une symbolique spécifique, avec ses tropes et ses zones d'ombre accentués, qui plus est, par le site de l'étranger. En ce qui me concerne, ces textes me donnent un vrai plaisir pédagogique, et me font profiter au moins de trois effets : le ''texte-marbré'', ''l'épreuve de la dispersion'', ''la collecte spatio-temporelle''.

Le Miroir de Cordoue : le texte marbré d'une offre déclinée

La quatrième de couverture résume de manière claire l'ouvrage : « une fiction sur la ville espagnole de Cordoue où l'auteur-narrateur fut invité en 1975 durant l'été, à assister un Vendredi à une prière dans la cathédrale qui, pour deux heures, était redevenue – hommage d'une tolérance possible, souhaitée, contemporaine – Mosquée. Le narrateur eut l'idée, à ce moment, de demander à l'Algérie d'envoyer une équipe de cinéastes pour filmer cet événement. » Cordoue fascine le narrateur qui y reviendra 15 ans plus tard. Ce second voyage se superpose au premier, le démultiplie, lui imprime une densité impressionnante, et fait subir au texte des torsions et des dérives qui le font basculer dans la catégorie de l'étrange. Dès le fragment inaugural,

---

[109] Entretien publié dans « Littératures du Maghreb », *Les Cahiers de l'Association internationale des études françaises*, No. 57, mai 2005, p. 442. Les *CAIEF* sont en dépôt aux Belles Lettres, 95, Bd, Raspail, Pars (6ᵉ).

[110] Idem.

intitulé « La fin des Abassides », le narrateur invite son lecteur à une expertise de l'étrange miroir éclaté de Cordoue :

Cordoue, 1993

Le voyageur a fait retour dans cette ville espagnole de Cordoue. Il est seul, cette fois, accompagné d'images, qui lui rappellent un séjour dans la ville. Il pense à la Jérusalem ancienne. A Dor, Massada. Caesarae. Villes du partage, de l'extension, de l'exode, puis de l'éclipse. Il pense à ce feu vif de l'amour céleste. A l'entrée du patio, il hésite, continue sa marche, au-delà, vers le bar du refuge, où il s'installe, note, sur un cahier, quelques souvenirs, quelques rêves, partitions filmiques ou musicales.

Contrairement à ce que l'on croit, dit une chanson andalouse, Cordoue ressemble à un lac, qui tel un miroir éclaté, aveugle le voyageur. Et c'est ainsi qu'il voit à son tour, Cordoue, ou, plutôt, qu'il se perd en elle, en de multiples phrases, qui le nomment, à chaque fois, différemment : en une fragmentation, se dit-il. (p. 11)

On peut appeler cela un protocole de lecture. Mais si l'invitation à se perdre dans le lacis de la ville de Cordoue est particulièrement tentante, la déambulation dans sa figuration textuelle, successivement *extension, exode et éclipse,* s'annonce complexe. La spatialisation mouvementée du texte, l'usage intempestif de la typographie et de tous les signes de ponctuation, -- plus particulièrement des points d'interrogation abondamment affichés dans le texte comme autant de reflets vifs mais instables des bifurcations soudaines du récit --, sont bien les signes des nombreuses flexions et de l'effort à consentir pour la traversée spatiale et temporelle de la Cordoue. La traversée, qui devrait se concrétiser sous forme de script pour un film, se charge au fur et à mesure des doutes et des interrogations du narrateur. Et seul un tête-à-texte et une saisie par l'œil et par l'ouïe, peuvent nous aider à comprendre ce qui est à l'œuvre dans *Le Miroir de Cordoue.* La déclinaison, dans ce texte, sollicite les yeux, le toucher, puis l'ouïe. La mise en espace du texte et sa graphie produisent du concret et du sensible et rendent compte d'une double expérience du langage entre l'écrit et la voix[111].

Ce texte nous fait entrevoir d'abord un double processus :

-le processus d'une nomination chaque fois différente pour le narrateur, qui prend le risque de remettre en jeu son propre moi et entreprend l'épreuve de la dispersion.

---

[111] Voir mon analyse de l'œuvre de Farès intitulée « L'inscription graphique de l'oralité », *in Maghreb en textes. Ecriture, savoirs et symboliques, op. cit.,* p. 95.

'-le processus d'une nouvelle cohérence pour le lecteur, qui dans le même temps doit changer de posture et remettre en question son propre statut, c'est ce que soutient la collecte.

L'épreuve de la dispersion

Le texte demande inlassablement un effort supplémentaire : car, au-delà du script du film historique, l'essentiel est l'aboutissement de l'écriture à une parole heureuse, qui mettrait en cohérence l'écrivain et son lecteur. De cette demande constamment renouvelée, on est averti : *Le Miroir de Cordoue* porte en épigraphe une parole de Tilmann Moser :

> De toute façon, je ne pouvais lui infliger un pareil traitement après lui en avoir déjà tant dit. Non, je tiens à ce qu'on le sache, il m'a laissé voyager à mon gré dans mon intériorité, regrettant peut-être simplement un peu que je veuille parcourir de si nombreux chemins tout seul. (p. 9)

Et précisément, dans sa pratique la plus consentie, le tête-à-texte crée le sentiment que certains chemins ne peuvent être parcourus à deux. Le désir ponctuel d'un cheminement solitaire de l'écrivain doit être respecté :

> Efforts de chaque matin, pour sortir des limbes, échapper aux mouvements de souvenirs, et, d'outils, œuvre de fleuriste, ou, de jardinier, plantant ses herbes, ou, ses mots, dans un espace mal préparé, sablonneux : je (probablement celui que je ? suis, et, celui que j'? étais) (??) (Lui ?) (comme un autre espace-corps en moi) (p. 17).

Le point d'interrogation, omniprésent, obsessionnel, dévie l'attention vers les identités incertaines du narrateur ; il suit le sujet de l'énoncé comme une ombre et fait apparaître l'histoire du scripteur dans le miroir de Cordoue comme une somme de mouvements incontrôlés dans le temps et dans l'espace ; il met en place une véritable stratégie de la capture, qui suspend le texte au bord de ses failles, le détourne de son orientation première qui se voulait acte de représentation d'un référent sans ambiguïté.

L'objectif n'en est pas pour autant la dispersion du sens, mais sa réinvention dans le rythme, dans la formidable traversée euphorique des mots. Sans la prise en considération de cette traversée, les manipulations syntagmatiques paraîtraient stériles et la déstabilisation graphique ferait figure d'artifice gratuit.

La lecture : une collecte spatio-temporelle

L'anamorphose textuelle, qui saute aux yeux du lecteur, devient lieu de transfert d'une espèce de secret enfoui dans la trame narrative. Elle semble répondre à une stratégie suprême de calculs camouflés, soutenue par une manie obsessionnelle des sous-entendus et des ambiguïtés entre l'image du texte spatialisé et l'ensemble signifiant qui n'en est pas forcément la glose.

Mais dès son commencement, *Le Miroir de Cordoue* se promet de transformer en une sorte de navigation heureuse un chemin erratique, semé d'embûches. Promesse tenue ! La ponctuation intempestive s'apaise vers la fin du livre, puis se retire pour laisser place à un état des lieux : Cordoue est libérée des pièges d'une reconstitution historique à des fins politiques. Dans son effort d'analyse, le narrateur en arrive à la conclusion que le film pourrait aider des pouvoirs politiques à instrumentaliser les grandeurs passées. L'état des lieux, livré en page 134 dans un ouvrage qui en contient 141, fait toute la clarté sur le fil conducteur du récit : il s'agissait de dire par quels retournements successifs la pensée retrouve sa lucidité, comment l'écrivain a profité de la réalisation de ce projet -- élaborer un script sur l'histoire médiévale de l'Andalousie -- pour régler ses comptes avec « notre système de culture, et d'idéologie, qui rêve encore aujourd'hui d'une période de pur, unique, achèvement. »

Le livre fait résonner un dialogue intense entre soi et la civilisation, une lutte avec ses avancées et ses reculades, ses certitudes et ses doutes, ses interrogations proliférantes et ses contorsions schizophréniques. Dans une lettre destinée au commanditaire du film sur Cordoue, le narrateur révèle que cette lutte lui a été très difficile, qu'il a dû aller très loin dans l'analyse de ses refus, avec ce sentiment d'avoir « été soumis à un terrible pouvoir d'inquisition. Une inquisition dont le sens, la puissance sont liés à l'idéologie ; toucher l'intérieur de l'idéologie [lui] a coûté [son] équilibre ».

Sous la pression de l'analyse, des visions et des souvenirs personnels, sous la dictée du désir et du plaisir de retrouver « les racines du fleuve, et, de l'insignifiance », le script historico-politique de Cordoue a pris une toute autre direction. L'opacité dès lors s'amenuise, le voile rhétorique se déchire pour laisser entrevoir le poème du fleuve, *le Guadalquivir*, seule réalité qui mérite, en définitive, d'être retenue en guise de cohérence.

On pourrait ajouter pour faire vite et simple : la cohérence, ici, c'est l'harmonie réalisé par la parole poétique, qui fait intrusion dans le texte de la souffrance pour l'apaiser. Elle en comble les interstices, les failles, les béances, et rappelle que dans la rumeur de l'histoire andalouse, seule persiste comme des perles de bonheur *Le Collier de la Colombe* ou *de l'Amour et des*

Amants, ce beau traité sur la psychologie amoureuse du grand poète andalou, Ibn Hazm.

> A l'ami devenu parisien
> Vois-tu ! Tout ce qui se dit de nos immigrations ne m'a pas encore convaincu de mort : l'Andalousie reste ce lieu inachevé, plein, ou le collier de la Colombe persiste comme Ibn Hazm au centre de l'Oranger.
> Les rues sont chaudes.
> De temps en temps une amie me chante du Ferouz
> Une ivresse me prend un vin de Malaga
> Je mets une main de l'une dans l'eau phosphorescente des souvenirs; et je pars tôt
> demain (encore) pour un autre exil
> Les rues ne manquent pas, les oiseaux, les rues, si le froid ne me prend pas, si la main ne me faillit pas, si l'amour ne m'évite pas, si les ténèbres ne grandissent pas, je nommerai les ABBASSIDES, leur chute, les OMMEYADES, leurs précurseurs, et, notre cheminement, l'Étoile *obscure de l'Andalousie* : quelles soifs, compagnons ! Quelles soifs !...
> Dans le patio de la cour parmi les orangers du soleil la reconnaissance est à l'œuvre comme un geste d'Avril sur l'ange des genèses. Celui qui vint calmer l'esprit de l'embrasement des illusions célestes...
> Conchita, Juana, Estrella Obscura, Manolo, Brahim, et, (moi), regardons la ville resplendir dans l'ocre des murailles, le crépuscule ornant les rives du fleuve, du couchant, du rêve, du Guadalquivir... (p. 140)

Le retour au *diwan*

Au-delà de la quête existentielle, historique, généalogique, au-delà des règlements de compte avec la civilisation, ce qui me paraît intéressant dans ce livre comme dans tous les autres de Farès. c'est la recherche d'une poétique rassembleuse, qui s'exprime nettement à la fin de l'extrait précédent : « La reconnaissance est à l'œuvre comme un geste d'Avril sur l'ange des genèses. Celui qui vint calmer l'embrasement des illusions célestes .» Reconnaissance, œuvre, genèse, sont des motifs liés à la quête générique. Et m'interrogeant sur les formes de récits élaborés et les genres littéraires adoptés puis déconstruits par les écrivains, j'ai pris le parti de remonter le cours des filiations littéraires. J'ai dû me rendre à l'évidence que la flexion concernait aussi une conception générique ancienne, que les Maghrébins en général tentent de retrouver : le *divan* [112].

---

[112] *Divan,* transcription française de *diwan,* mot d'origine persane, qui signifie livre, recueil, anthologie. Il désigne une école littéraire apparue en Perse au XIe siècle, et

Le *divan*, évoqué en page 122 du *Miroir de Cordoue*, est un héritage de leur généalogie littéraire orientale. C'est un recueil, une transcription libre des images, sensations, émotions, impressions mêlées à tous types de vécus réels et fictifs ; tout cela se doublant de commentaires variés, d'analyses parfois, de discussions avec un double imaginaire ou un être fantasmatique. Le *divan* vise à éclairer la vie, puis à ordonner son savoir ; il prend l'aspect d'un discours en fragments, mu par une voix intérieure qui hante dans les textes. Pour ceux qui le pratiquaient avec passion dans l'Orient médiéval par exemple, le *divan* était un beau recueil de la vie, de la réalité et à la source de ce que Proust[113] disait de la littérature dans *Le Temps retrouvé* : c'est « la vraie vie, la vie enfin découverte et éclaircie, la seule vie réellement vécue. » L'idée même du temps perdu puis retrouvé, se cristallise dans *Le Miroir de Cordoue*, qui n'a eu d'autre but que de saisir le vécu au miroir d'une histoire fragmentée, de le rassembler dans la multiplicité de ses effets, nommés ici sous le générique du poème « L'Andalouse » en final du *Miroir de Cordoue* :

> Ils retournent au monde
> ceux qui lentement dessinent
> une application de rêves
> en cette rencontre de l'éclat

qui dans son exploitation au fil des siècles a considérablement évolué. Dans son transfert d'un pays à l'autre, puis d'un continent à l'autre, elle a bénéficié d'un destin planétaire. Voir *Divan oriental-occidental* de Goethe, composé entre 1814 et 1819, augmenté en 1827, sur le modèle du poète persan, Hâfiz, et accompagné de remarques et de dissertations savantes, qui tentent de montrer que l'Orient est la source de la sagesse, de la pensée, de l'imagination, de la création. On y retrouve des processus d'identification avec des couples imaginaires de l'Orient, dont la relation amoureuse est aussi une relation de savoir et d'initiation poétique. Le jeu de masque et d'identité mobile sert de soubassement à une fiction composite, qui permet au poète occidental de s'immerger dans la Bible et le Coran, et d'entrevoir chez les poètes persans des miroirs analogiques et des correspondances entre Orient et Occident. Cette œuvre a été jugée trop en avance sur son temps. Avec Goethe se met en place le quatuor exemplaire : l'analogie deux par deux sur la scène de l'amour. Dans *Le côté de Guermantes* et *Le temps retrouvé*, les allusions de Proust à la subtilité, à l'ouverture de la vision de Goethe, à l'honneur qu'il fait, par ses « promenades », à certains lieux, mériteraient qu'on s'y attarde.
[113] Proust s'est un peu frotté au *divan*, lui qui n'a pas caché son intérêt pour le générique oriental et a même envisagé « d'écrire *Les Mille et une nuits* de son temps ». Voir mon article « Motifs et effets proustiens : une leçon de polyphonie dans le roman francophone maghrébin », *in Marcel Proust aujourd'hui*, Amsterdam, Société Internationale Marcel Proust, Rodopi, 2003.

Pur miroir
que ce vêtement de ciel
emporté par le corps
au seuil de l'aveu

Mélancolie de l'âme
que le temps exulte
en une ronde de safran

Le soleil émane
d'un cycle de merveilles
que l'œil d'enfants
illumine

Enfants-pauvres
d'enfance que l'enfance
a jetés au bord de la source.

Paris 1993

Le Miroir de Cordoue est certes difficile, par son caractère fragmentaire, par un usage de la langue qui fait entendre les effets de la voix dans l'écrit, par ses tracées déroutantes dans le temps et l'espace, mais il déploie une puissante communion en attendant la communication, puisque autant ces fragments se trament d'événements et d'histoires, et introduisent d'autres dimensions et d'autres rapports entre l'auteur et le lecteur. Le détour par l'art moderne ou par le *divan*, peut permettre une adhésion identifiante et une aisance plus grande dans les opérations de transcodage nécessaires au lecteur, qui devient alors interprète (p. 39) :

Deux mondes donc
        deux : parfaitement vus, identifiés, dont l'un (le
second) n'est pas le contraire, ni le miroir de l'autre, mais, l'exacte
mesure de la séparation.
        Séparation
                    faite
                        réinventée

Références

Chikhi, Beïda 1996. *Maghreb en textes. Ecriture, savoirs, symboliques*, Paris, L'Harmattan.
Chikhi, Beïda 1998. *Littérature algérienne, désir d'histoire et esthétique*, Paris, L'Harmattan.

153

Chikhi, Beïda 2003. « Motifs et effets proustiens : une leçon de polyphonie dans le roman francophone maghrébin », *in Marcel Proust aujourd'hui*, Amsterdam, Société Internationale Marcel Proust, Rodopi.

Derrida, Jacques 1967. *L'Ecriture et la différence*, Paris, Seuil, Coll. Points.

Farès, Nabile 1994. *Le Miroir de Cordoue*. Paris, L'Harmattan.

Farès, Nabile 2005. Entretien publié dans « Littératures du Maghreb », *Les Cahiers de l'Association internationale des études françaises*, No. 57. (Les *CAIEF* sont en dépôt aux Belles Lettres, 95, Bd. Raspail, Paris 6ᵉ.)

Todorov, Tzvetan 2007. *La Littérature en péril*, Paris, Flammarion.

Le grotesque tragique dans l'œuvre romanesque de Réjean Ducharme

Juline Hombourger

**Centre International d'Etudes Francophones,
Université Paris IV-Sorbonne**

Réjean Ducharme est un écrivain québécois dont le premier roman, *L'Avalée des avalés*, a été publié en 1966. Sa dernière parution, *Gros mots*, date de 1999. On peut distinguer deux périodes dans son œuvre romanesque. En effet, quatorze ans séparent *Les Enfantômes* de *Dévadé* : différents changements sont observables. Pour n'en citer qu'un, les personnages passent de l'enfance à l'âge adulte : ce qui entraîne, par exemple, une évolution du traitement de la culpabilité. Cette dernière est révélatrice, car c'est au cœur de ce mouvement que les notions de grotesque et de tragique prennent tout leur sens.

A l'image de l'ensemble des données, ces éléments qui, en général, apparaissent contradictoires, entretiennent un rapport polaire dans les romans de Ducharme. Dès ses premiers textes, son œuvre peut ainsi être placée en dehors de toutes fixités idéologiques puisque l'auteur cultive l'instabilité et la vacillation, alors même qu'à l'époque de la Révolution tranquille, « le service littéraire obligatoire »[114] était de rigueur.

---

[114] Expression de Jacques Godbout.

Comment Ducharme redéfinit-il de manière fictionnelle le grotesque et le tragique ? Pour essayer de répondre à cette question, la première partie de cet exposé sera consacrée aux tentatives de définitions de ces notions pour ensuite les confronter à l'œuvre ducharmienne. La présentation de cette confrontation se construira autour de deux axes : le grotesque peut-il se substituer à une sorte d'anti-tragédie et le grotesque atténue-t-il ou accentue-t-il le tragique ?

Tentatives de définitions

Ces deux notions possèdent toutes deux une longue histoire qu'il convient de retracer pour poser un postulat de départ :

Le terme grotesque renvoie en premier lieu à un phénomène architectural et artistique. Il est, avant tout, un principe d'amalgame. Au XIXème siècle, il évoque déjà l'idée d'éloignement par rapport à la norme puisque Théophile Gautier utilise le mot pour intituler un ouvrage de critique réhabilitant « les difformités littéraires, ... les déviations poétiques ». Aujourd'hui, on l'entend généralement comme un comique de caricature, poussé jusqu'au fantastique et à l'irréel. Il rend donc compte d'une exagération ; ce qui implique une relativité qui s'apparente généralement à une sorte d'« horizon d'attente » souvent confondue avec la norme. Au-delà de ce constat établissant la marge comme lieu du grotesque, il est intéressant de s'interroger sur le pourquoi de cette démarcation. Quelle est la fonction du grotesque ?

Comme le précise l'ouvrage collectif intitulé *Le grotesque, théorie, généalogie, figures*, le terme « résiste à toute tentative de conceptualisation [115]» puisque l'instabilité est « un principe constitutif de la notion elle-même » [116]. Cette dernière « cultive le paradoxe et la contradiction » [117]. De ce fait, on a vu le grotesque envisagé dans des perspectives différentes qui ne se contredisent pas mais qui révèlent son caractère polaire. A titre d'exemple, Dominique Iehl, dans *Le grotesque*, explique les deux pôles de la notion à travers deux interprètes marquants, Bakhtine et Kayser. Ainsi, pour le premier, le grotesque provient de la tradition carnavalesque. Il le conçoit comme un principe de subversion qui vise à « prendre possession du réel »[118], comme une « culture ancrée dans le

---

[115] Isabelle Ost, Pierre Piret, Laurent Van Eynde, *Le grotesque, théorie, généalogie, figures*, Bruxelles, Facultés Universitaires Saint-Louis, 2004, p. 7.
[116] *Ibid.*
[117] *Ibid*, p .11.
[118] Dominique Iehl, *Le grotesque*, Paris, Presses Universitaires de France, 1997, p. 9.

matériel et le corporel »[119], comme une vision du monde profanatrice et libératrice. Pour la théorie du second, qui succède aux théories bakhtiniennes, le grotesque possède une autre dimension, plus négative, plus noire, plus « tragique ». Elle s'apparente à « l'inquiétante étrangeté » de Freud. Le psychanalyste la définit de la manière suivante : c'« est cette variété particulière de l'effrayant qui remonte au depuis longtemps connu, depuis longtemps familier »[120]. Il pose d'ailleurs la question : « A quelles conditions le familier peut [-il] devenir étrangement inquiétant »[121]? Il fait ensuite le lien avec la réalité littéraire :

> […], il en va autrement quand l'écrivain s'est apparemment placé sur le terrain de la réalité commune. A ce moment-là, […] il adopte du même coup les conditions qui président dans l'expérience vécue à l'émergence du sentiment d'inquiétante étrangeté, et tout ce qui dans la vie produit de tels effets, les produit aussi dans la littérature. Mais dans ce cas, l'écrivain peut aussi intensifier et multiplier l'étrangement inquiétant bien au-delà de la mesure du vécu possible, en faisant survenir des événements qui, dans la réalité, ne se seraient pas présentés du tout, ou seulement très rarement. Il nous livre pour ainsi dire par traîtrise à notre superstition, que nous croyions dépassée : il nous trompe en nous promettant la réalité commune et en allant nonobstant au-delà d'elle[122].

Il convient de faire explicitement le lien entre le grotesque et cette inquiétante étrangeté. Le grotesque, par définition, s'appuie sur la réalité pour la déformer par exagération. Son point de départ reste alors le familier ; il fait ensuite le trajet jusqu'aux limites voire au-delà de ce qui nous apparaît réel. Ce trajet, nous ne le parcourons pas avec lui ; nous sommes directement confrontés aux confins et aux extrêmes. Cette mise à distance entre la norme et sa marge balaie le champ du possible et frôle son contraire. Elle nous rappelle notre réalité tout en montrant qu'elle pourrait être autre, qu'elle pourrait être l'actualisation de nos angoisses profondes et de nos pulsions. Elle a la capacité de nous enlever notre âme, de nous déshumaniser, de nous enlever le langage, d'où sans doute les nombreuses figures d'automates, de mimes et de muets dans les œuvres dites grotesques. La caricature chez Kayser n'entraîne pas un rire libérateur, mais un rire issu d'un malaise, celui du rapport complexe que nous entretenons avec notre humanité et notre existence.

---

[119] *Ibid.*

[120] Sigmund Freud, *L'inquiétante étrangeté et autres textes essais*, Paris, Gallimard, 1985, p. 215.

[121] *Ibid.*

[122] *Ibid*, p. 260.

Pourquoi peut-on faire intervenir cette notion de grotesque dans une étude sur l'œuvre de Réjean Ducharme ? De quel grotesque s'agit-il ? Quel est son but ou plus exactement son pouvoir ? Que révèle-t-il ? Quel rapport entretient-il avec le tragique ?

Malgré les apparences et malgré les nombreuses acceptions du tragique, il est plus aisé de « fixer » cette notion que la précédente même si cela implique obligatoirement de la réduire. D'emblée, nous nous efforcerons de distinguer le tragique de la tragédie. En effet, cette dernière est historiquement marquée et demeure une des illustrations du tragique. Elle renvoie à l'idée d'une transcendance suprahumaine, qui dépasse évidemment les possibilités humaines, à travers la référence à des formes sacrées telles que les dieux ou Dieu. C'est un genre qui a été théorisé et délimité par Aristote. Il présente généralement un homme noble confronté à un dilemme : tenter d'affirmer sa liberté individuelle ou reconnaître la puissance des forces qui le dépasse. Le tragique, lui, est un concept qui a certes pour essence la transcendance, mais cette transcendance ne relève pas nécessairement d'un pouvoir suprahumain. Dans tous les cas, il implique un conflit entre la contingence (ce qui peut ne pas être) et la nécessité (ce qui doit être). Autrement dit, la nécessité est une pulsion externe. Elle représente ce qui pèse sur les épaules de l'homme et contre lequel il ne peut lutter. La contingence, c'est tout ce qui dépend directement de l'homme : son désir, sa manière de percevoir le contexte, les impératifs moraux qu'il se fixe. Pierre-Henri Simon définit clairement le tragique dans un ouvrage intitulé *L'Homme en procès* : « Qu'est-ce que le tragique sinon le sentiment d'une résistance obscure et insensée contre laquelle se brise la force de la liberté et de la raison qui est en l'homme? »

Il ne s'agira donc pas de chercher à savoir si les romans de Ducharme sont des tragédies mais de voir dans quelles mesures le tragique opère dans son œuvre. Quelle est la transcendance ducharmienne ? Quelles sont les contingences ? Quelle est la nécessité ?

Le grotesque ou l'anti-tragédie ?

Le grotesque et la tragédie possèdent tous deux un potentiel tragique plus ou moins évident. Il s'agit de voir dans quelle mesure ces deux termes peuvent être envisagés comme les deux pôles d'une même unité. La tragédie définie par Aristote implique des personnages nobles qui sont confrontés à un dilemme mettant en jeu leur dignité et leur vie. Ces derniers inspirent aussi bien la crainte que la pitié, la très célèbre catharsis. Le grotesque, lui, « s'apparente moins à la catharsis qu'à la confirmation de l'instabilité de tout »[123] selon Véronique Klauber. En effet, le grotesque inspire le doute dans son rapport ambigu avec la réalité mais il ne peut déclencher les sentiments évoqués par le philosophe. Le grotesque ne serait-il pas devenu la tragédie du XXème siècle ? Les œuvres ducharmiennes ne sont-elles pas des œuvres anti-tragédie ? Ainsi, dans un ouvrage consacré au grotesque, les auteurs précisent : « [...], il semble que le XXème en particulier cherche à combler le vide laissé par la tragédie devenue discrète par un tragique naissant au sein de la comédie »[124].

Les personnages de Ducharme sont en général des *radas*, des paumés qui font de la vie une survivance puisque tout inspire l'insatisfaction, puisque les valeurs érigées par la société sont superficielles. Cette dernière empêche toute action dite grande, toute opportunité de faire preuve de courage puisque la sincérité est bafouée : « C'est l'ère des machines ; ce n'est pas l'ère des bras. Il va falloir que nous changions d'ère. Car c'est l'ère des machines et que nous sommes là à croupir et à attraper plaies et bosses dans l'ère des bras. Bras. Embrassée »[125]. Finalement, le tragique qui ligote les personnages réside dans cette impossibilité à inspirer la Pitié et la Crainte (avec une majuscule puisque la grande crainte et la grande pitié nécessitent une distance importante entre la grandeur du statut du héros et sa mort prochaine). Plus on tombe de haut, plus la chute est difficile. Ils ne peuvent même pas prétendre à l'héroïsme. Ils sont finalement incapables de se retrouver dans un dilemme tragique tel que dans la grande tragédie et c'est sans doute cela qui constitue le moteur tragique. En effet, malgré cette impossibilité, ils ne cessent de vouloir tendre à « l'élévation morale » à travers leurs discours :

> On a tous les droits quand on a déclaré la guerre à tous les rois. Je me suis déclarée silencieusement l'ennemie de tous, et ils me tueront peut-être mais ils ne me vaincront pas. Pour le moment, je garde l'incognito. Je ne leur ai rien fait ; pourquoi devrais-je me soumettre à eux, à leurs lois, leurs amendements, leurs robots [...] C'est ridicule ; c'est de l'infatuation, de la véritable impertinence. Ils ne m'ont rien donné : je ne leur dois rien. Ils ont donné des ponts, des autoroutes, des petits tunnels et des gros, certes ; mais je ne suis pas une automobiliste. Pourquoi m'enfermerais-je avec eux dans un de ces réduits pleins à craquer de fumée de cigarette appelés pays ?[126]

---

[123] Article « Grotesque (littérature) » *in Encyclopédie Universalis.*
[124] Isabelle Ost, Pierre Piret, Laurent Van Eynde, *op. cit*, p. 22.
[125] *Le Nez qui voque*, p. 37.
[126] *L'Océantume*, p. 124.

La parole performative domine ce passage. Iode dénonce les supercheries de la civilisation occidentale et s'élève contre elles en refusant la moindre compromission. Devrait alors se dessiner une véritable héroïne mais « la disproportion entre la démesure [de son discours] et l'exiguïté de [sa] position »[127] ne fait que dévoiler le grotesque de la situation : Iode n'est qu'une pauvre fillette de dix ans qui n'a pas la possibilité d'actualiser ses aspirations.

De plus, la première période de publication de Ducharme présente des protagonistes enfermés dans le rejet constant du monde extérieur qu'il considère comme le coupable de leurs maux. Cette posture constitue une des problématiques essentielles de ces romans : le personnage ducharmien ne vit pas sa culpabilité ou s'il l'expérimente, c'est toujours pour des motifs dérisoires ou par rapport à sa sœur. Le plus souvent, il s'engouffre dans une culpabilisation excessive des autres. Pour illustration, à la fin de *L'Avalée des avalés*, Bérénice oblige Gloria à lui tenir lieu de pare-balles. Elle conclut :

> Gloria est enterrée mardi. Je m'en tire avec les bras en écharpe. Je leur ai menti. Je leur ai raconté que Gloria s'était d'elle-même constituée mon bouclier vivant. Si vous ne me croyez pas, demandez à tous quelle paire d'amies nous étions. Ils m'ont crue. Justement, ils avaient besoin d'héroïnes.

L'ironie domine ce paragraphe. Composé majoritairement de phrases simples et sèches, il donne à voir un personnage dénué de compassion à l'égard de sa victime. Au contraire, Bérénice se présente elle-même comme une victime consentante du cynisme ambiant. L'adverbe « justement » souligne cette dispersion des valeurs. Malgré l'étymologie commune entre l'héroïsme antique que nous avions évoquée et le terme « héroïne », Bérénice n'acquiert pas le statut du héros de la tragédie puisque ce genre implique l'existence de l'éthique. Bien au contraire, elle brille par son absence de morale et apparaît alors comme une héroïne d'une sorte d'anti-tragédie, autrement dit, une héroïne sans héroïsme, une héroïne « grotesque ».

Paradoxalement, la seconde période de publication des romans de Réjean Ducharme convoque des personnages qui se complaisent indirectement dans une sorte de culpabilité, « [...] le cancer qui frappe les exclus et qui donne

---

[127] Définition du grotesque selon Anne Douaire dans *Contrechamps tragiques, Contribution antillaise à la théorie du littéraire,* Paris, Presses Universitaires Paris-Sorbonne, 2005.

tellement raison, a posteriori, à ceux qui les ont exclus [...] »[128], puisqu'ils subissent excessivement leur sort comme s'ils ne pouvaient mériter mieux. Ils ne « sont » pas coupables mais ils « existent » comme des coupables. Est-ce le passage tant redouté par Bérénice, Iode, Mille Milles et Vincent, de l'enfance à l'âge adulte, qui conduit à ce renversement ? Bottom, le narrateur de *Dévadé*, montre ainsi qu'à l'âge où l'on peut agir, on a été tellement « abîmé » qu'on n'en a plus la force. L'enfant « conquistador » est alors devenu un homme qui se plaint de tout, surtout de lui-même : « Ce n'est pas une vie. Avec les ordures dont je la remplis, c'est une poubelle »[129]. Métaphoriquement, la parole performative des premiers romans se fait excessivement constative dans les suivants. Cette démesure dans la passivité laisse entrevoir un certain grotesque.

Les personnages ducharmiens ont en commun, avec les personnages de la tragédie, l'*hybris*. Dans la tragédie, des personnages « hauts » tendent vers le « haut ». Chez Ducharme, ils aspirent à la grandeur quand ils sont « petits » ; ils sont « petits » quand ils pourraient actualiser leur envie de grandeur. Le tragique tire son origine de ce perpétuel décalage.

Le grotesque accentue-t-il ou atténue-t-il le tragique ?

> Je ne veux pas continuer car je ne veux pas finir fini. Je reste comme je suis. Je laisse tout s'avilir, s'empuantir, se dessécher. Je les laisse tous vieillir, loin devant moi. Je reste derrière, avec moi, avec moi l'enfant, loin derrière, seul, intact, incorruptible ; frais et amer comme une pomme verte, dur et solide comme une roche. C'est important comme le diable ce que je dis là. C'est tout pour moi. Il faut qu'il y ait quelqu'un avec moi l'enfant, quelqu'un qui le garde ; qui le protège du tragique du monde, qui est ridicule et qui rend ridicule[130].

Dans ce passage, Mille Milles résume en quelques mots la nécessité ducharmienne : le temps et son irréversibilité, notamment dans ses romans consacrés à l'enfance, et celle que l'on retrouve dans l'ensemble de son œuvre, l'époque actuelle et l'immobilisme qu'elle provoque. La première demeure intrinsèque à la condition humaine tandis que la seconde s'inscrit dans le contexte de la Révolution tranquille, certes, mais plus généralement dans la contemporanéité. Il convient d'identifier précisément le *fatum* actuel. Il s'apparente à celui défini par Schopenhauer dans *Le monde comme volonté et comme représentation* : « Pour Schopenhauer, vivre est une souffrance. L'existence n'est qu'une suite de peines et de tourments. Il n'y a point de désir

---

[128] *Dévadé*, p. 111.

[129] *Ibid.*, p. 77.

[130] *Le Nez qui voque*, p. 11.

qui ne soit suivi de déception, de plaisir qui n'ait pour contrepartie la lassitude, de jouissance qui n'amène le dégoût »[131].Vincent, le narrateur des *Enfantômes*, le confirme avec ses mots :

> On est sortis tout gluants d'un ventre exaspéré, on est nés pour n'avoir que ce qu'on ne veut pas. Pour ne vouloir que ce qu'on a pas, et pour en souffrir. Pour en souffrir assez pour que tout pâlisse, les trois règnes devant notre idée de l'avoir et, une fois qu'on l'a, qu'on le tient bien, pour vouloir aussi douloureusement autre chose aussi inutile. (p.16)

Cette transcendance, si on limite le terme à son étymologie « surpasser », ce qui demeure après que les dieux sont morts, n'est donc pas nouvelle : l'homme est son propre rival ou plus exactement l'époque actuelle fait de l'homme son propre rival. Le tragique réside donc dans cette impossible tragédie telle que l'entend Aristote, dans cette impossible transcendance au sens sacré du terme, dans cette impossible distinction des statuts : il n'y a plus de grandeur, il n'y a plus d'échelles, il n'y a plus de systèmes différents. Tout rentre dans le même ensemble : l'homogénéisation est la force qui dépasse l'homme aujourd'hui pour Ducharme. Il n'y a plus de haut, il n'y a plus de bas. Comme le dit Mille Milles : « Le tragique du monde est ridicule », étymologiquement, il suscite donc le rire et « [...] il rend ridicule ».

Quelle action le recours au grotesque produit-elle sur ce tragique ? Alors que la tragédie s'écartait de la norme par une certaine élévation, par la noblesse du rang et des valeurs, le grotesque prend généralement la direction inverse. Quels sont les procédés utilisés ?

Faire descendre ce qui est haut ou le processus de rabaissement

Ducharme entreprend une véritable entreprise de désacralisation comme l'indique Elisabeth Nardout-Lafarge dans un article intitulé « Ducharme, du sale et du propre ». Il s'empare des importances « collectives » pour les faire descendre de leur piédestal. Pour illustration, il personnalise l'art : « L'art ! L'art ! O art ! Les œuvres d'art ! Les rayons de l'art ! Les orteils de l'art ! »[132]. Les artistes, eux, sont réduits au rang de l'anecdote. Ainsi, le peintre n'est envisagé qu'à travers son infirmité : « Il continue à claudiquer comme Toulouse-Lautrec à son meilleur ! »[133] Bien que l'on retrouve ce processus dans l'ensemble de l'œuvre, on note qu'il est plus récurrent dans la première

---

[131]Théodore Duret, «Schopenhauer», *in Critique d'avant-garde*, Paris, Charpentier, 1885, http://agora.qc.ca/mot.nsf/Dossiers/Arthur_Schopenhauer

[132] *Le Nez qui voque*, p. 189.

[133] *L'Océantume*, p. 161.

période de publication. Peut-on mettre en rapport ce mécanisme interne avec le statut d'enfant des premiers narrateurs ? Ne compensent-ils pas leur « impuissance » en rabaissant les « puissants » ?

Faire monter ce qui est bas ou le processus d'élévation

Les priorités ducharmiennes brillent par leur caractère prosaïque. Ainsi, Bottom entreprend une véritable épopée à la recherche de bières et les héros de *L'Hiver de force* s'acharnent à transformer le dérisoire en important : ils consacrent leur temps à la lecture de la *Flore laurentienne* et ils y apprennent les noms scientifiques de chaque espèce. Là encore, on retrouve ce processus dans l'ensemble de l'œuvre mais il intervient plus fréquemment dans la seconde période de publication, à laquelle on peut rajouter *L'Hiver de force*. Peut-on mettre en rapport ce mécanisme interne avec le statut d'adultes des personnages de ces romans ? Ne compensent-ils pas la trivialité de leur existence en transformant des gestes banals en gestes techniques, primordiaux et chronophages? Dans les deux cas, processus de rabaissement ou processus d'élévation, le tout vise à homogénéiser, à créer un seul système, une seule ligne où chaque valeur se confond, où la hiérarchie n'existe pas.

La présence du grotesque n'atténue donc pas le tragique. La démesure qui lui est propre intervient dans une volonté d'homogénéiser, de vaincre toute idée de hiérarchie, toute idée d'importance ou s'il en est, elle ne relève que du trivial et du dérisoire. Finalement, la nécessité propre au tragique actuel et le grotesque ne sont-ils pas devenus des notions interchangeables ? Le grotesque n'est-il pas la nécessité du tragique actuel ? Les deux rendent compte de l'homogénéisation comme nouvelle transcendance, la nécessité la porte et le tragique la provoque. A titre d'exemple, voici ce que Mille Milles fait d'un mot tel que « hiérarchiser » :

> Hiérarchiser. Gide a écrit quelque part que c'est un mot horrible, affreux. Pour qu'il ait écrit cela, Gide il faut qu'il n'ait pas bien regardé ses mots, ses lettres. Les mots sont aussi beaux les uns que les autres. Un u est-il plus joli qu'un i, un i moins bien tourné qu'un e ? Un mot, pour moi, c'est comme une fleur : c'est composé de pétales ; c'est comme un arbre : c'est fait de branches. Hiérarchiser est une montagne à douze côtés fantastiques et ces douze côtés sont comme les douze apôtres. Les douze apôtres se nommaient H.I.E.R.A.R.C.H.I.S.E et R[134].

Le terme est réduit à son statut de signifiant, à sa matérialité. Sa seule fonction est de permettre l'impulsion de l'imagination qui va en profiter pour

---

[134] *Le Nez qui voque*, p. 26.

faire des détours vers les végétaux ou vers *La Bible*. Il est détourné de sa véritable signification et ne demeure qu'un objet poétique. Telle est la manière de Ducharme pour dépasser le tragique actuel : bavarder sans cesse pour oublier, inventer, réinventer, être perpétuellement dans un mouvement créateur parce que rien ne vaut plus la peine que les mots...surtout s'ils ne signifient rien.

A ce propos, Alain Bosquet parle de Ducharme comme de « Beckett au Québec ». Or, le grotesque est « agnostique »[135] ; il se moque de tout puisqu'il sait qu'il ne sait pas alors que l'absurde selon Beckett porte le poids de la nécessité à tel point que l'usage de la parole, trait distinctif de l'homme, lui apparaît difficile. Le grotesque, au contraire, s'engouffre dans l'excès inverse : il bavarde, il bavarde, il bavarde ; il crée, il crée, il crée surtout si le sujet ou l'impulsion initiale est dénué d'intérêts. On trouve d'ailleurs, dans les archives de Ducharme, dans la boite consacrée au manuscrit de *L'hiver de force* une page du *Times* où l'auteur a inscrit : « ON PARLE TOUJOURS TROP OU PAS ASSEZ ». L'œuvre de Beckett, parsemée par ces nombreux « silences », serait alors le pôle opposé à celle de Ducharme : les deux participant à la même unité, illustrant la même réalité, révélant le même tragique actuel. Et à Mille Milles de conclure cette dernière partie : « Rien n'est sérieux. Rien n'est sérieux. Tout est risible. Tout est ridicule. Il n'y a rien de grave »[136].

En somme, si l'on ne peut pas qualifier les romans de Ducharme de tragédies, on constate la présence d'un certain tragique qui puise son sens au cœur du grotesque. A travers ses fictions, l'auteur redéfinit ces notions non pas en les isolant mais en signifiant leur perméabilité. L'ensemble traduit ainsi sa vision du monde : l'ordre hiérarchique est remis en cause, c'est l'homogénéisation qui prime.

On a souvent voulu lire l'œuvre de Ducharme à la lumière des problématiques propres à la Révolution tranquille – en tout cas, en ce qui concerne ses premières œuvres. On a alors dit que *La fille de Christophe Colomb* était un « texte révolutionnaire », que *Les enfantômes* témoignait de « la montée de l'indépendantisme », que *Dévadé* était « une parabole du destin québécois », que *L'hiver de force* demeurait, au contraire, « un roman réactionnaire ». Ducharme est donc devenu, tour à tour, nationaliste, anarchiste ou même anti-nationaliste. Pourtant, si on tient compte du processus absolu d'uniformisation qui habite ses œuvres, on s'aperçoit qu'il se place en dehors de ce débat. Il ne propose ni ne conteste un positionnement idéologique ou s'il le fait, c'est pour avancer le contraire

---

[135] Isabelle Ost, Pierre Piret, Laurent Van Eynde, *op. cit*, p. 25.
[136] *Le Nez qui voque*, p. 35.

quelques pages après, quelques livres après. A l'image des notions de tragique et de grotesque, il remet en questions. Ce passage de *L'hiver de force* peut, de manière imagée, illustrer ce propos : « On a pris le métro. Il n'allait nulle part. Il filait jusqu'au bout de rien puis il virait de bord et nous emportait jusqu'à l'autre bout de rien. On ne s'est pas plaints. Bien au contraire, ça faisait notre affaire »[137]. Prendre le parti d'un « bout » plutôt qu'un autre ne semble pas une fin en soi puisque ce ne sont que des « bouts de rien ». Les deux pôles ne représentent pas des aboutissements convaincants, le vrai but est de « toucher » ces deux extrémités pour les mettre en contact, pour les retourner, pour assurer la contamination, pour les questionner sans attendre de découvertes définitives. Seule l'expérience compte, seules des réponses ponctuelles et existentiellement réversibles paraissent avoir de la valeur.

Références

1. Romans de Réjean Ducharme cités

L'Avalée des avalés 1966. Paris, Gallimard (Folio).
Le Nez qui voque 1967. Paris, Gallimard (Folio).
L'Océantume 1968. Paris, Gallimard (Folio).
L'Hiver de force 1973. Paris, Gallimard (Folio).
Les Enfantômes 1976. Paris, Gallimard (NRF).
Dévadé 1990. Paris. Gallimard (Folio).

2. Articles et ouvrages critiques cités

Douaire, Anne 2005. *Contrechamps tragiques, Contribution antillaise à la théorie du littéraire,* Paris, Presses Universitaires Paris-Sorbonne. (Lettres francophones).

Duret, Théodore 1885. « Schopenhauer », *in Critique d'avant-garde*, Paris, Charpentier, http://agora.qc.ca/mot.nsf/Dossiers/Arthur_Schopenhauer.

Freud, Sigmund 1985. *L'inquiétante étrangeté et autres essais*, Paris, Gallimard (Folio essais).

Iehl, Dominique 1997. *Le grotesque*, Paris, Presses Universitaires de France (Que sais-je ?).

Nardout-Lafarge, Elisabeth 2000. « Du sale et du propre », *Voix et Images*, Vol. XXVI, N°. 1 (76), Automne, 74-94.

---

[137] *L'hiver de force*, p. 31.

Ost, Isabelle, Pierre Piret et Laurent Van Eynde 2004. *Le grotesque :
théorie, généalogie, figures*, Bruxelles, Facultés Universitaires
Saint-Louis.
Simon, Pierre-Henri 1973. *L'homme en procès*, Paris, Payot (Petite
bibliothèque).

L'étrangeté de l'écrivain migrant, cet Autre québécois

Yannick Resch

Institut d'Etudes Politiques, Aix-en-Provence

Ce n'est pas sans réticence que j'ai accepté de faire le point sur ce concept de l'écrivain migrant qui a produit au Québec, depuis deux décennies, un discours critique abondant et fertile. Nourrissant ma perplexité, un manifeste paru dans le supplément livre du *Monde* du 16 mars 2007 soulevait la question des qualificatifs tels que « francophone » qui voue à la périphérie les littératures écrites en français par des écrivains qui ne sont pas nés en France. Quarante-quatre d'entre eux se disaient en faveur d'une langue française qui serait « libérée de son pacte exclusif avec la nation ». Tous les prix de l'automne 2006, du Goncourt au Femina, en passant par le Renaudot et le Grand prix de l'Académie française, leur donnant raison, il était grand temps, disaient-ils, de déposséder l'Hexagone du français, eux qui, par leurs origines, exprimaient l'ouverture à la « littérature-monde » !

C'est donc traversée par le doute quant à l'avenir de ce concept que je voudrais réfléchir sur la place singulière, au Québec, de *l'écrivain migrant*, titre que je reprends à l'essai de Naïm Kattan paru en 2001, ainsi que sur les difficultés auxquelles il fait face pour dire son identité complexe de Québécois, ou plus exactement se penser comme un Québécois « autre » qui revendique, au sein du même, sa différence, Québécois non point « pure laine » mais « pure laine crépue » (Joël DesRosiers) ou « pure laine acrylique » (Flora Balzano) ou encore, selon les mots d'Abla Fahroud affirmant que son identité ne peut être que multiple, « et québécoise et orientale et femme et auteure et apatride et mortelle et... »[138]. Cette place est singulière, d'abord parce que l'étiquette d'écrivain migrant est celle que l'on donne, au Québec essentiellement, à l'écrivain francophone venu d'ailleurs, alors qu'au sein du Canada anglophone, cette classification n'a pas lieu d'être, comme le rappelle Naïm Kattan. « Rohinson Mistry n'est pas renvoyé à l'Inde même quand il en parle, ni Michael Ondaatje à Sri Lanka, et Nino Ricci, né au Canada de parents italiens, n'a de lien avec l'Italie que dans la mesure où il en fait le thème de ses romans ». Ces écrivains, ajoute-t-il, sont des écrivains anglophones du Canada, « comme font naturellement partie des lettres canadiennes, les Américains Carol Shields, Jane Rule, Thomas Carol, Robin Blaser, Warren Tallman... »[139].

L'écrivain migrant se trouverait dans son rapport à l'institution littéraire québécoise un peu comme l'est, en France, l'écrivain francophone d'origine maghrébine (il en est de même pour l'écrivain marseillais qui revendique « sa » langue !) publié par un éditeur parisien. Au sein de la langue française, il est étiqueté, isolé, balkanisé.

L'épithète « migrant », qui s'est imposé au Québec pour évoquer ces écrivains, mérite cependant réflexion. Il correspond à un phénomène relativement nouveau datant des années 1980, et suffisamment important pour que son apparition ait suscité un certain malaise dans l'institution littéraire québécoise. Celle-ci avait à situer leurs œuvres au sein d'une littérature qui s'était attachée à forger son autonomie et sa spécificité en tant que littérature nationale. L'arrivée d'écrivains venus d'ailleurs et choisissant d'écrire en français ouvrait une brèche dans cette identité qui s'était voulue longtemps « tricotée serrée ». Même si des écrivains étrangers avaient émigré au Québec avant cette date, comme Naïm Kattan, Alice Parizeau, Monique Bosco, dans les années cinquante, ou comme les Haïtiens Anthony Phelps, Gérard Etienne ou Emile Ollivier dans les années 60, ils constituaient des cas isolés et, comme le rappelle Sherry Simon, le corpus littéraire provenant de l'immigration était plutôt d'origine juive et s'exprimait en anglais[140].

---

[138] Anne de Vaucher Gravili (dir.), *D'autres rêves. Les écritures migrantes au Québec*, Venise, Supernova, 2000, p. 46.
[139] Naïm Kattan, *L'Ecrivain migrant*, Montréal, Hurtubise/HMH, coll. Constantes, 2001, p. 17-18.
[140] Sherry Simon, *« L'autre » littérature nationale, Développement et rayonnement de la littérature québécoise. Un défi pour l'an 2000*, Québec, Nuit blanche éditeur, 1994, p. 91.

Le phénomène est tout autre, en raison de son ampleur, à partir des années 80. Un répertoire sur les *Romanciers immigrés entre 1970 et 1990*[141] fait état de 140 romanciers. Leurs origines sont multiples (Etats-Unis, Liban, Egypte, Chine, Brésil, Haïti) tout comme sont diverses leurs expériences de l'immigration. Certains ont fui leur pays pour des raisons politiques, c'est le cas des immigrants en provenance de Haïti entre 1968 et 1983 ou du Liban ou du Brésil, du temps de la dictature militaire et de la guerre, d'autres sont partis par goût d'épanouissement et de liberté, comme la Chinoise Ying Chen, d'autres enfin sont nés au Québec de parents immigrés.

En 1983, la pluralité culturelle s'impose comme une problématique littéraire que révèle la parution de plusieurs revues, livres et récits : la revue trilingue italien, français et anglais *Vice-versa, ainsi que Dérives, La Parole métèque, La Tribune juive*. Fulvio Caccia et Antonio d'Alfonso rassemblent dans *Quêtes*[142] les textes de dix-huit auteurs italo-québécois. Un autre recueil suivra, dirigé par Fulvio Caccia, en 1985, *Sous le signe du Phénix. Entretien avec quinze créateurs italo-québécois*. Des pièces de théâtre ainsi que des romans traitent de la question de l'exil. Marco Micone et sa trilogie théâtrale *Gens du silence, Addorata* et *Déjà l'agonie*, Régine Robin, *La Québécoite*, Fulvio Caccia, *Irpinia*, Emile Ollivier, *Mère-Solitude*, Dany Laferrière, *Comment faire l'amour avec un nègre sans se fatiguer*, mais aussi des essais: Jean Jonassaint, *Le pouvoir des mots, les maux du pouvoir*, recueil d'entretiens avec des romanciers haïtiens de l'exil. Ces œuvres sont concomitantes, du côté des critiques, de nouvelles approches qui amorcent une relecture du texte québécois à travers les notions de cosmopolitisme, d'exil intérieur, de migrance: Pierre Nepveu, *L'écologie du réel. Mort et naissance de la littérature québécoise* (1988), Simon Harel, *Voleur de parcours. Identité et cosmopolitisme dans la littérature québécoise contemporaine* (1989), Sherry Simon, *Fictions de l'identitaire au Québec* (1991). Une perspective historique sur ce phénomène sera donnée par Clément Moison et Renate Hildebrand, *Ces étrangers du dedans : une histoire de l'écriture migrante au Québec (1937-1997)* (2001).

Plusieurs facteurs politiques, sociaux, culturels expliquent le développement de ce discours critique dans l'institution littéraire québécoise. Celle-ci perçoit dans les thématiques traversant les textes, un écho aux

---

[141] Denise Helly et Anne Vassal, *Romanciers immigrés : biographies et œuvres publiées au Québec entre 1970 et 1990*, Québec, IQRC, 1993.

[142] Les auteurs soulignent l'importance de cette publication « reflet d'une conjoncture et d'un devenir qui changent » : « Dans le Québec actuel cette gageure devient une nécessité. A l'heure où les nationalismes changent, il est naturel que ceux qui n'ont encore jamais exercé la parole, la prennent », *Quêtes, textes d'auteurs italo-québécois*, Québec, Editions Guernica, 1983, p. 9.

thématiques de la littérature québécoise de cette période, qui fait éclater le discours ethniciste.

Les années 80 sont marquées par l'échec du référendum sur la Souveraineté-Association. Le rêve d'un Québec souverain est momentanément délaissé et l'attention se tourne vers d'autres préoccupations : la dénatalité au sein de la population francophone, l'afflux d'une immigration dont les pays d'origine ont changé de visage (Haïti, le Maghreb, le Vietnam ont remplacé l'immigration européenne). Le Ministère des Communautés culturelles et de l'Immigration s'en fait l'interprète en 1981, et lance un plan gouvernemental, « Autant de façons d'être québécois ».

Ces années voient aussi l'émergence d'écritures de femmes posant différemment la question de l'identité. Après une décennie marquée par un féminisme de combat, les femmes ouvrent de nouvelles pistes exprimant la pluralité de leurs subjectivités. Des voix souvent interchangeables questionnent la foi dans le progrès et l'histoire, se réapproprient des mythes, l'amazone, la grande déesse mère, l'androgynie, et font la part belle à une parole féminine qui brouille les identités dans une parole collective. Une belle illustration en est donnée dans le roman polyphonique, *La vie en prose* de Yolande Villemaire (1980), où se croisent onze voix de femmes évoquant les manuscrits qu'elles lisent ou écrivent, et qui offre une narration où se mêlent conversations à bâtons rompus, forme épistolaire, scénario théâtral, journal intime, poésie et manuscrits que la narratrice a entre les mains.

Ce qui caractérise le récit québécois de ces années est son caractère hétéroclite. Il dit la fin des grands récits sur la nation, le territoire et l'identité. Celle-ci est présentée autrement, hétérogène, hybride plurielle, ou métisse, comme l'illustrent les deux personnages du roman *Volkswagen blues* (1984) de Jacques Poulin. Le narrateur, un Québécois à la personnalité plutôt féminine fait la traversée des Etats-Unis en compagnie de Pitsémine, une métisse, fille d'un Blanc et d'une Indienne, à la personnalité androgyne. Leur voyage les conduit sur la trace des pionniers, dont ils rappellent les étapes. Ce sera l'occasion pour Pitsémine de remettre en cause l'Histoire traditionnelle des Blancs et des Indiens. Comme le précise Janet Paterson en analysant le roman: « Par le biais du personnage de Pitsémine, le texte opère dès lors une déconstruction de l'histoire officielle pour privilégier les histoires peu connues [...] souvent gommées, écartées de la mémoire institutionnelle[143] ».

---

[143] Janet M. Paterson, *Figures de l'autre dans le roman québécois*, Québec, Editions Nota bene, coll. Littérature(s), 2004, p. 113.

On comprend que dans ce contexte où se renouvelle la problématique identitaire de la littérature québécoise, la critique ait eu le besoin de donner un statut à des œuvres qui venaient ajouter leur questionnement à cette problématique. Le qualificatif portant sur la production des textes semble alors plus pertinent que la qualification d'écrivain migrant dont Naïm Kattan reconnaît qu'« elle est une phase transitoire, une étape appelée à disparaître »[144]. Le témoignage des écrivains le prouve, qui veulent être entendus et perçus comme « écrivains », c'est-à-dire ayant pour seule patrie leur langue d'écriture. Ying Chen refuse qu'on la prenne pour la Chinoise de service après la réalisation d'un film qui lui est consacré, Abla Faroud, d'origine libanaise, invitée à Venise au colloque *D'autres rêves. Les écritures migrantes au Québec* (octobre 1999), se disait « tannée » de cette étiquette qu'on lui collait et ne comprenait pas qu'on la traite « hors du Québec » comme un écrivain migrant.

C'est aussi la réaction de Dany Laferrière, « fatigué » de se faire traiter de tous les noms tels qu'écrivain caraïbéen, écrivain ethnique, écrivain de l'exil :

> Je veux être pris pour un écrivain, et les seuls adjectifs acceptables pour un écrivain sont « bon » ou « mauvais ». Je ne veux pas subir l'outrage géographique, être défini par ma langue ou la couleur de ma peau, entendre parler de créole, métis, Caraïbéen, francophone, ni de Haïtien, tropical, exilé, nègre, toutes ces notions qui ont un petit air post-colonial. Je veux entendre le chant du monde et refuse le ghetto. Je fuis la langue vernaculaire, car je pense qu'on peut créer la créolité sans fabriquer des images exotiques, en cultivant plutôt le classicisme le plus pur, la langue commune [...] Mon rêve serait de ne pas pouvoir être cité, que l'on ne puisse rien sortir du contexte. Je cultive l'absence de style afin que le lecteur oublie les mots pour sentir les choses. J'élimine, j'efface, afin que l'essentiel reste ramassé, presque caché, entre les phrases entre les points. Bien sûr le décor, le lieu est incontournable, comme dit Édouard Glissant, mais il ne doit pas être au premier plan[145].

Cette longue citation souligne le risque de marginalisation que court l'écrivain et sa production quand il est renvoyé à son ethnicité. Le flou des appellations dit bien la difficulté de situer ces œuvres qui ont posé un défi à la littérature québécoise. On a parlé de littérature *ethnique, immigrante,*

---

[144] *L'écrivain migrant, op. cit.*, p. 23.
[145] Article « Dany Laferrière : je veux entendre le chant du monde », de Jean-Luc Douin, *Le monde des livres*, du vendredi 3 février 2006, p. 12.

migrante, néo-québécoise, transculturelle, interculturelle etc...[146] avant que le concept de littérature et d'écritures migrantes ne finisse par l'emporter. Comme le rappelle Fulvio Caccia[147], « c'est à partir d'un « refus » que l'expression écritures migrantes » s'est affirmée. Le concept est utilisé par le poète haïtien Berrouet-Oriol qui, dans son article « Effet d'exil », s'étonne, à propos de l'ouvrage de Jean Jonassaint, *Le pouvoir des mots, les maux du pouvoir,* dans un dossier de *Vice-versa,* du « quasi-silence de l'institution littéraire qui, depuis février 1986, n'a pas cru opportun d'accueillir la passionnante quête de Jean Jonassaint au cœur des écritures migrantes », ajoutant que « l'enjeu culturel et politique » ne résidait pas seulement dans « la capacité du champ littéraire à accueillir les voix venues d'ailleurs mais surtout d'assumer à visière levée qu'elle est travaillée transversalement par des voix métisses ». Il s'agissait d'entretiens avec des écrivains haïtiens de la diaspora qui se trouvaient être « tout à la fois à l'intérieur des frontières nationales comme à l'extérieur »[148].

L'expression sera reprise et théorisée par Pierre Nepveu, particulièrement sensible à cette expression créatrice :

> Ecriture migrante de préférence à "immigrante", ce dernier terme me paraissait un peu trop restrictif mettant l'accent sur l'expérience et la réalité même de l'immigration, de l'arrivée au pays et de sa difficile habitation (ce que de nombreux textes racontent ou évoquent effectivement), alors que migrante insiste davantage sur le mouvement, la dérive, les croisements multiples que suscite l'expérience de l'exil. "Immigrante " est un mot à teneur socio-culturelle, alors que "migrante" a l'avantage de pointer déjà vers une pratique esthétique, dimension évidemment fondamentale pour la littérature actuelle.

Je reprendrai à mon compte ce concept et cette approche d'une littérature plurielle dans l'ouvrage que j'ai dirigé, préférant donner au manuel le titre *Littérature du Québec,* plutôt que littérature québécoise[149].

L'adjectif « migrante », réservé aux seuls textes des écrivains venus d'ailleurs, est à utiliser, me semble-t-il, avec précaution en raison des diverses qualifications les mettant, par ailleurs, à distance des lettres

---

[146] Benoit Mélançon, « Littérature montréalaise des communautés culturelles, prolégomènes et bibliographie», Université de Montréal, Groupe de recherche « Montréal imaginaire » 31 p. 1990.

[147] *D'autres rêves. Les écritures migrantes au Québec, op. cit.*, p. 59-60.

[148] *Vice-versa*, 17, décembre 1986-janvier 1987, p. 20-21.

[149] Yannick Gasquy-Resch, *Littérature du Québec,*Vanves, EDICEF/AUPELF (diffusion Ellipses), 1994, p. 235-241.

québécoises. Ainsi, dans la postface rédigée à l'occasion de la seconde publication de son roman *La Québécoite*, parue dix ans après la première, Régine Robin interroge les présupposés qui permettent à l'institution littéraire québécoise de classer son roman dans la rubrique « ethnique » et en révèle les tendances « nationalistes »:

> Ce roman figure souvent dans les ouvrages généraux ou les articles qui lui ont été consacrés sous la rubrique de roman « ethnique ». Ce que cette catégorie mal à propos signifie dans la circulation du discours social québécois actuel, c'est que, comme nombre d'autres, il s'agit d'un roman écrit par un écrivain qui n'est pas né au Québec, qui vient donc d'ailleurs, qui tout en écrivant en français, a peut-être laissé derrière lui une autre langue, maternelle, vernaculaire ou autre encore.

Le concept de l'écriture migrante devient opératoire à condition de penser que cette expérience déborde le cas de l'écrivain immigré pour signifier plus largement ces écritures marquées par la problématique identitaire, le rapport à l'origine, le rapport à l'autre, et qui implique un mouvement, un passage, une position d'*entre-deux* pour reprendre l'expression de Daniel Sibony[150].Ecritures qui rejoignent dans l'impureté des formes et des styles, l'écriture contemporaine conçue selon Guy Scarpetta « comme une traversée des frontières, comme migration et exil »[151].

Ces observations faites, on peut dégager un certain nombre de caractéristiques propres à l'écriture migrante. L'expérience de l'exil produit une relation particulière à l'espace et au temps. Ce que le roman *La Québécoite* de Régine Robin, abondamment cité et étudié, illustre parfaitement : la narratrice, française, d'origine juive et polonaise, exilée doublement par sa venue à Montréal et par sa judéité, tente de se donner des repères, de baliser la ville au présent, à travers trois quartiers qu'elle décrit avec une minutieuse précision, mais sa démarche s'avère un échec. D'autres espaces liés à différentes époques de son passé viennent se greffer sur son présent et la conduisent à brouiller les frontières entre l'ici et l'ailleurs, le présent et le passé. La porosité des repères spatio-temporels se trouve amplifiée du fait que la structure narrative, à travers une double mise en abîme, mêle réalité et fiction. L'intrigue se développant sur trois niveaux, celui de la narratrice, celui de l'immigrante dont elle écrit le roman, celui du professeur juif à qui cette immigrante fictive donne la parole. Ce dispositif narratif et énonciatif a pour objectif, comme le précise Janet Paterson,

---

[150] Daniel Sibony, *Entre-deux, l'origine en partage*, Paris, Seuil, Coll. Points, 1991.
[151] Guy Scarpetta, *L'impureté*, Paris, Grasset, 1985, p. 183.

« d'inscrire dans toutes les couches du texte et dans toutes ses histoires, la présence d'un sujet migrant, fragmenté, déchiré »[152].

On retrouve dans de nombreuses oeuvres cette porosité spatio-temporelle comme celle de Nadine Ltaif, poétesse d'origine égyptienne qui a vécu au Liban avant d'émigrer à Montréal :

> Car maintenant d'où vais-je écrire, de quel lieu, de quel paysage? Montréal me vient sous les pas, et cet Hiver, et cette terre que je ne connais pas, et ces arbres et ces parcs que je ne connais pas [...] et je change de langue, vous savez, mais je garde mes mots pour demeurer plus proche de vous, au moment où je brûle, au moment où ma langue est brûlée[153].

Pour la narratrice, déchirée entre le Liban et le Québec, l'appartenance s'avère impossible: « Cette ville à laquelle je n'appartiens pas ou/ pas encore ou presque et c'est pire/ Ce que je vous raconte à présent c'est pire, pire que pire. »[154]. Il lui faut accomplir un travail de deuil. Celui-ci ne peut se faire qu'au sein de l'écriture où se pose la question de la cohabitation de la langue d'origine et de la langue du pays d'accueil. Pour la Québécoite, la langue qu'elle partage avec les Québécois suffit à la différencier par son accent français. Mais c'est le rapport étroit entre cette langue et la culture qu'elle véhicule qu'elle ne peut partager car il s'agit d'un autre imaginaire :

> Quelle angoisse certains après-midi – québécité- québécitude - je suis autre. Je n'appartiens pas à ce Nous si fréquemment utilisé ici – Nous autres – Vous autres. Faut se parler. On est bien chez nous. – une autre Histoire – l'incontournable étrangeté. Mes aïeux ne sont pas venus du Poitou ou de la Saintonge, ni même de Paris, il y a bien longtemps. [...] Je n'ai pas d'ancêtres coureurs de bois affrontant le danger de lointains portages. Je ne sais pas très bien marcher en raquette, je ne connais pas la recette du ragoût de pattes ni de la cipaille. Je n'ai jamais été catholique. Je ne m'appelle ni Tremblay ni Gagnon. Même ma langue respire l'air d'un autre pays. Nous nous comprenons dans le malentendu[155].

---

[152] *Figures de l'autre, op.cit.*, p. 142.
[153] Nadine Ltaif, *Les métamorphoses d'Ishtar*, Montréal, Editions Guernica, 1988, p. 37.
[154] *Ibid.*, p. 41.
[155] *La Québécoite, op.cit.*, p. 54.

Elle ne peut que se situer dans un « espace nomade, espace d'une écriture migrante » que l'écrivain appelle aussi « l'écriture du hors-lieu » qui ne soit ni celui de l'exil ni celui du déracinement »[156].

Suivant les écrivains, la rencontre des deux langues peut aboutir à un plurilinguisme plus ou moins marqué. C'est ainsi qu'Abla Fahroud, dans *Le bonheur a la queue glissante,* mêle dans la bouche de la vieille femme qui a quitté le Liban pour s'installer à Montréal avec sa famille, des proverbes et expressions arabes. La confrontation linguistique n'est pas nécessairement négative. Si elle a pu donner lieu à des situations d'acculturation que Marco Micone évoque dans ses pièces de théâtre pour les Italiens immigrés de la première génération, elle peut se transformer, avec la deuxième génération, en expérience positive d'échange et de partage, ce dont rend compte un texte comme *Speak what* qui s'approprie de façon ludique le texte manifeste de Michèle Lalonde *Speak white*. Alors que le poème de Lalonde dénonçait l'oppression culturelle et linguistique de la langue anglaise pour les Québécois francophones, Marco Micone réinterprète ce texte et le fait sien en le parodiant. En écrivant « Nous sommes étrangers à la colère de Félix et au spleen de Nelligan », il établit un lien avec la tradition québécoise (que ce soit le chanteur Félix Leclerc, ou le poète mythique Nelligan) tout en indiquant que ces références ne sont pas accessibles aux nouveaux venus.

Enfin, et en conclusion, on peut noter comme autre caractéristique de l'écriture migrante, la démarche réflexive qui porte l'écrivain au sein de la fiction à analyser son expérience de deuil liée à la perte de ses origines. Mais il faut souligner la variété des démarches car comment rassembler sous une même expression les écritures baroques des écrivains haïtiens comme Emile Ollivier, ou Dany Laferrière, qui reste hanté par la sensualité luxuriante de son île qu'il inscrit dans un ensemble de textes autobiographiques, et l'itinéraire épuré de Ying Chen, profondément marquée par un exil intérieur plus que circonstanciel, qui tend à l'abstraction et laisse parler une voix de plus en plus dégagée du poids de la réalité.

L'expression « écriture migrante » peut être, sur le plan esthétique, un concept opératoire qui permet de questionner le fonctionnement de l'écriture sans que celle-ci soit travaillée par l'épreuve de l'immigration. Mais au Québec, comme l'a souligné Simon Harel[157], la prudence s'impose quant au

---

[156] « Sortir de l'ethnicité », *in* Jean-Michel Lacroix et Fulvio Caccia, *Métamorphose d'une utopie*, Paris, Presses de la Sorbonne-Nouvelle/ Editions Triptyque, 1992, p. 36.
[157] Simon Harel, « Une littérature des communautés culturelles *made in Quebec*? », *Globe,* Montréal, Vol. 5, 2002, N°. 2, p. 75.

maniement de ce concept, né dans un contexte de questionnement identitaire de la littérature nationale. Toute littérature n'est-elle pas en effet voyageuse dès lors qu'elle échappe au piège de l'ethnicité?

Références

Caccia, Fulvio et Antonio d'Alfonso 1983. *Quêtes, texters d'auteurs italo-québécois*, Québec, Editions Nota bene (Coll. Littérature(s)).

Douin, Jean-Luc 2006. « Dany Laferrière: je veux entendre le chant du monde », *Le monde des livres*, vendredi 3 février.

Gravili, Anne de Vaucher (dir.) 2000. *D'autres rêves. Les écritures migrantes au Québec*, Venise, Supernova.

Harel, Simon 2002. « Une littérature des communautés culturelles *made in Québec* ? », *Globe* (Montréal), Vol. 5, N°. 2.

Helly, Denise et Anne Vassal 1993. *Romanciers immigrés: biographies et œuvres publiées au Québec entre 1970 et 1990*, Québec, IQRC.

Kattan, Naïm 2001. *L'Ecrivain migrant*, Montréal, Hurtubise/HMH (Coll. Constantes).

Lacroix, Jean-Michel et Fulvio Caccia 1992. « Sortir de l'ethnicité », *in Métamorphoses d'une utopie*, Paris, Presses de la Sorbonne-Nouvelle/Editions Triptyque.

Ltaif, Nadine 1988. *Les métamorphoses d'Ishtar*, Montréal, Editions Guernica.

Mélançon, Benoit 1990. « Littérature montréalaise des communautés culturelles, prolégomènes et bibliographie », Université de Montréal. Groupe de recherche « Montréal imaginaire ».

Paterson, Janet M. 2004. *Figures de l'autre dans le roman québécois*, Québec, Editions Nota bene (Coll. Littérature(s)).

Resch, Yannick Gasquy (dir.) 1994. *Littérature du Québec*, Vanves, EDICEF/AUPELF (Diffusion Ellipses).

Robin, Régine (1983) 1993. *La Québécoite*, Montréal, Typo.

Sibony, Daniel 1991. *Entre-deux, l'origine en partage*, Paris, Seuil.

Simon, Sherry 1994. *« L'autre » littérature nationale. Développement et rayonnement de la littérature québécoise. Un défi pour l'an 2000*, Québec, Nuit blanche éditeur.

Scarpetta, Guy 1985. *L'impureté*, Paris, Grasset.

Francophonie entre liberté et aliénation

Slimane Benaïssa

Ecrivain, homme de théâtre

Introduction

Je vous remercie de m'avoir invité à m'exprimer face à cette exigeante assemblée. Ma façon de répondre à cette invitation, est de tout dire pour que la torture s'arrête. Tout dire c'est forcément dire à un moment des bêtises. Je m'en excuse d'avance ! Parce que malheureusement, je ne peux à l'heure actuelle faire le tri dans mes pensées, dans tout ce que j'ai pu ressentir, tout au long de mon expérience, faite d'autant de bonheur que de douleurs, d'acceptation et de rejet, avec au centre de tous ces conflits et déchirements, la question de la langue. D'autant plus que les pensées me frappent l'esprit comme des sabres cinglants, étincelants et ravageurs. A chaque fois que je crois avoir une bonne idée, je me tiens la tête comme pour me protéger d'une catastrophe et souvent elles n'ont été pour moi que des catastrophes et quand elles ne l'étaient pas, elles m'ont conduit vers des catastrophes.

J'ai toujours admiré la persévérance des universitaires à poursuivre une fourmi jusqu'au fond de sa tanière et cela après avoir traversé une jungle impénétrable pour trouver la tanière. Je n'ai pas malheureusement les qualités nécessaires pour cela. Si j'étais, par exemple, archéologue et que je découvrais une poterie enfouie dans le sol, j'irais la déterrer à coups de pioche. Tant ma pensée est inscrite depuis toujours dans l'urgence, dans la nécessité immédiate de comprendre vite pour exister et dire. Mon histoire ne m'a pas laissé le loisir de caresser la poterie pendant des heures, des jours, avec un pinceau pour enlever grain par grain, la terre qui la protège et la découvrir petit à petit et prendre même du plaisir à la découvrir. Ainsi il y va de mes pensées, elles se brisent souvent par excès d'enthousiasme d'un désespéré qui a besoin de s'inventer constamment des raisons d'espérer. Je ne crois pas être une pensée brute, mais une brute de la pensée, oui ! Le théâtre m'est nécessaire, parce que même si je n'arrive pas à élucider, à clarifier tous mes problèmes, il me permet au moins de savoir et peut-être de cerner dans quelle tragédie ils s'inscrivent.

Mesdames et Messieurs, c'est avec joie que j'accepte d'être la fourmi qui va essayer de vous faire une visite guidée de sa tanière, même si elle ne connaît pas trop bien le chemin.

L'héritage

A l'indépendance de l'Algérie, quelle était la Morphologie de l'espace linguistique ?

En Algérie quatre langues coexistent. Le berbère, langue d'origine de tout le Maghreb, est parlé aujourd'hui par le tiers de la population algérienne, l'arabe « dialectal », langue véhiculaire, est parlé par la presque totalité des Algériens. Le berbère et l'arabe « dialectal » sont des langues d'oralité et non d'écriture, même si le berbère a connu, à l'origine, une forme écrite limitée.

Les deux langues écrites en Algérie sont l'arabe classique et le français, mais elles ne sont les langues maternelles de personne. Aussi, ces deux langues sont-elles vécues, consciemment ou non, comme deux langues étrangères.

L'arabe, introduit en Algérie par l'islamisation, est sacralisé. Quant au français, langue profane introduite par la colonisation, il est le centre de tensions. Car bien qu'étant employé dans les diverses sphères de la vie sociale, il est stigmatisé à cause de son lien à la colonisation.

Ces deux langues écrites étant toutes deux liées à l'oppression, l'individu établit dès lors une relation complexe à l'écrit. Inconsciemment, écrire en français, c'est trahir et écrire en arabe, c'est souiller, désacraliser.

Les quatre langues en présence, partagées entre légitimité et pouvoir d'une part, entre sacré et profane d'autre part, sont alors vécues à différents niveaux conflictuels entre oralité et écriture. Les langues sont alors réparties par le pouvoir en « partitions » (au sens mathématique du terme), et leurs espaces d'intersections sont rendus insignifiants, alors qu'en pratique, elles s'interpénètrent, puisque dans la communication quotidienne, les langues maternelles sont très souvent employées en alternance avec le français. La langue arabe (classique) est réservée à la religion, au sacré et aux situations officielles formelles, le français à l'économie, à la gestion, aux sciences et aux finances. Quant à l'arabe dialectal et au berbère, ils sont utilisés dans la communication quotidienne et au sein de la famille. Cette situation complexe fait que l'Algérien doit avoir recours à chacune de ces quatre langues en niant les autres.

Langue et identité étant fortement liées, tous ces espaces linguistiques constituent la base identitaire des Algériens. Le problème est que les différentes langues dans lesquelles cette base identitaire est exprimée sont mises dos à dos. C'est ainsi qu'est né le malaise identitaire.

Avec quel esprit ces différentes langues m'ont été enseignées

Il y a le côté des femmes et celui des hommes.

Je commence par les femmes:

Ma mère était généreuse de son lait. Ses seins étaient les seuls dictionnaires d'une langue qui m'a fait naître.

Enfants, on parle beaucoup seuls dans nos jeux. Nos mères nous y encouragent, ce qui leur permet de ne jamais nous perdre de vue depuis leur cuisine. Ces paroles anodines les informent en permanence sur notre état. De temps à autre, elles entrent en dialogue avec nous sur notre propre parole, avec notre propre langue, soit pour rire, soit pour nous apprendre à parler, soit pour apaiser une douleur qui sous-tend notre discours et qu'elles seules ressentent. Ainsi, la parole a précédé ma pensée et mon dire a commencé à traverser mes idées, comme on traverse un champ de fleurs dont on ne ramène que le parfum. C'est en taillant mes pensées et en ciselant les phrases qui leur correspondent que j'ai appris à me taire. J'ai découvert alors que le sourire de ma mère n'était qu'inquiétude face à mon silence qui était déjà solitude... C'est à l'école maternelle que j'ai appris à me taire...

Mon institutrice était notre voisine et pendant ma première année d'école maternelle, je rentrais toutes les fins de matinée avec elle. Sur le chemin, elle m'apprenait à prononcer les différents « en », « on »... Et quand on arrivait à la maison, ma mère partageait avec elle une galette encore chaude. Ma maîtresse a souvent mangé la même galette que nous et c'est pour cela peut-être qu'elle n'a jamais contrarié ma manière de rouler les « r ». Quand ses collègues lui reprochaient de ne pas bien éduquer son protégé, elle m'appelait et me demandait :

- Slimane, comment je m'appelle ?
Je répondais avec fierté et avec une émotion qui aggravait le roulement de mes « r » :
- Madame Marie Ferrer.
Et elle disait à ses collègues :
- Vous voyez bien, son « r » ce n'est pas de l'accent c'est du caractère...

Ma mère m'a donné ce caractère, Madame Ferrer ne l'a pas contrarié. Ma mère disait toujours : « Je ne veux pas qu'on lui enlève ce qui fait de lui, lui ». Et Madame Ferrer n'a pas enlevé ce qui fait de moi, moi. C'est peut-être grâce à ces deux femmes qu'aujourd'hui je reçois une distinction qui reconnaît le talent d'un homme né du talent de deux mères. C'est ce qui fait de moi un métis heureux, je suis l'enfant de plusieurs grossesses.

J'ai l'air de dire cela en niant les déchirures de l'histoire et ses injustices. Ce qui appartient à l'histoire restera à l'histoire et aux historiens. Si je dis cela, c'est uniquement pour rendre justice à deux êtres qui, dans leur générosité, avaient dépassé le conflit à l'intérieur du conflit même, comme des marins qui résisteraient à la tempête pour que nous arrivions à bon port, vivants, bien éduqués et pluriculturels de surcroît. Cette icône, faite de ces deux femmes qui furent à l'origine de mon éveil, de mes langues, de ma sensibilité, de ma liberté, est une médaille dans mon esprit et le moindre rayon de soleil qui s'y reflète éclaire les chemins vers le poème. Médaille à laquelle j'ai consacré ma vie pour qu'elle n'essuie jamais de revers, j'ai voulu que tous mes écrits soient un effacement, une négation de la laideur. Je connais ma mémoire, et ma mémoire le sait. Je connais mon histoire, et mon histoire ne le sait pas. Nous avons simplement perdu la parole sans avoir appris à écrire…

Côté hommes :

Nous étions dix heures par jour en cours : cinq heures à l'école française, cinq heures à l'école arabe. On mangeait à la minute, on goûtait à la seconde. Nos parents ont mis deux ans pour convaincre le cheikh de nous libérer un après-midi par semaine, sous la pression des maîtres de l'école française qui prenaient plaisir à noter, sur nos bulletins scolaires, des appréciations qui ne manquaient pas de sous-entendus. « Surmené ». « Dort en classe ». « Élève saturé ». « À besoin d'être surveillé en français ». « A pris l'habitude de se rattraper en arabe ». « Confond le Coran avec Les Lettres de mon moulin ».
Jamais l'école arabe n'a fermé ses portes. On ne pouvait même pas tomber malade ! Notre cheikh croyait aux qualités préventives de la foi…
Je savais chanter « Frère Jacques, dormez-vous » en français. Et je savais chanter « Soldats de Dieu, levez-vous » en arabe.

Le cheikh : Apprenez l'arabe !
Karim : Vous saurez qui vous êtes.
Le cheikh : Apprenez le français !
Karim : Vous saurez qui ils sont.
Le cheikh : Apprenez le français.
Karim: Vous gagnerez votre vie.
Le cheikh : Apprenez l'arabe !

Karim : Vous sauverez votre âme.

Le cheikh : Apprenez le français !

Karim : Pour une meilleure émigration.

Le cheikh: Apprenez l'arabe !

Karim : Pour une meilleure résistance.

Le cheikh : Apprenez l'arabe !

Karim: Pour aller de l'avant.

Le cheikh : Apprenez le français !

Karim : Pour les obliger à aller en arrière.

Le cheikh : Apprenez l'arabe !

Karim : Malgré eux.

Le cheikh : Apprenez le français !

Karim : Malgré eux, aussi.

Voici dans quel esprit j'ai reçu l'héritage de mon bilinguisme et le pétrin dans lequel a fermenté la pâte de mon métissage.

Plus tard, au théâtre, j'ai choisi de m'exprimer en arabe dialectal. Mais pour cela il fallait réinventer la langue et surtout la laïciser. Comment réussir en Algérie à créer une langue qui soit uniquement une langue de dialogue d'homme à homme, une langue qui va simplement parler de l'humain ? Comment l'épurer de tout ce qui fait référence au sacré ? Puisqu'elle a subi l'influence de l'arabe classique qui est intimement lié au Coran. De ce fait elle porte la religion dans chaque mot et dans chaque tournure. Il fallait la laïciser, la libérer de son contenu systématiquement religieux. Parce que l'arabe dialectal est authentique : il a drainé toutes les influences qu'a connues le peuple algérien : berbères, romaines, turques, françaises. On trouve tout cela dans l'arabe dialectal. C'est pour cela que cette langue est représentative de l'histoire du peuple algérien. C'est dans cette langue qu'il s'entend, qu'il se comprend, qu'il veut débattre et évoluer. L'arabe dialectal est donc une langue qu'il faut faire évoluer, afin de redonner une expression commune à tout un pays. En effet, de la frontière tunisienne à la frontière marocaine, deux Algériens ne se comprennent pas complètement, tant les diversités linguistiques régionales sont grandes. Après l'Indépendance, la mobilité des populations a produit un brassage considérable. Au bout de quelques années, grâce à la radio et à la télévision, la langue s'est uniformisée, elle est devenue plus ou moins nationale. A notre niveau, le théâtral tout en inventant un théâtre a forgé une langue en brassant les régionalismes linguistiques ; nous avons ainsi travaillé à créer notre langue nationale. Nous avons perdu beaucoup de temps et d'énergie à redonner à chaque langue sa juste valeur, sa juste place, dans un contexte politique hostile qui manquait de vision et de sérénité à l'égard de toute forme de pluralité.

Ma relation à mes langues

La langue pour moi, n'est pas un simple outil que je façonne, que je perfectionne, elle est le fantôme qui hante mon histoire et par laquelle il me faut rêver. Je ne porte pas ma langue maternelle, je suis porté par elle. Je porte la langue française et je suis emporté par elle. Telle est l'équation de mon bonheur de métis, au-delà des malheurs de mon histoire et des miens.

C'est à travers cette histoire, qu'elle soit belle, sereine ou conflictuelle, que nous avons dit notre peuple avec les colères qui sont les siennes, avec la pudeur qui est la nôtre, et parfois avec les maladresses des poètes errants que nous sommes, dans un monde où il est souvent ridicule d'expliquer et douloureux de se taire. L'Histoire des « Nôtres » a forgé notre esprit et notre imaginaire jusque dans l'intimité des métaphores. Le malheur a fait le poème, notre espoir est que la paix en fasse un chant.

Par ailleurs, étant le fils d'un pays qui ne cesse depuis des siècles de chercher sa paix, le début de ma paix est dans la paix des langues qui m'habitent et que j'apaise sans cesse pour les apprivoiser afin qu'elles puissent porter nos malheurs avec sérénité et oser la joie. L'apaisement de ces langues est un poème en soi, il est notre vrai talent. Je dirais même notre unique talent, celui qui nous est prescrit par ordonnance testamentaire.

Les langues qui me traversent sont porteuses de toute mon énergie à dire et à écrire, quand elles sont en conflit à l'intérieur de moi, ma colère devient inaudible parce qu'aucune des langues n'ose la dire et je perds la voix. Quant à mon peuple, il mélange d'instinct l'arabe au français le tout assaisonné de berbère, il cherche désespérément leur alliance pour dire sous une forme nouvelle ce qu'il ressent depuis toujours, parce que le peuple malgré la misère, a horreur de se répéter face au malheur. Il crée pour se garder en estime.

Les langues écrites nous sont utiles certes, mais quand nos langues maternelles ne sont qu'orales, elles nous sont vitales malgré tout, parce qu'elles nous déterminent. Elles sont l'espace de cette mémoire qu'on oublie et qui continue de nous transformer malgré nous.

Les langues populaires naissent dans le peuple et s'épanouissent dans l'élite. Les peuples, rarement heureux, ont très peu de mots pour dire le bonheur, trop de mots pour cacher la honte du malheur. Quand celui-ci n'est plus à cacher, il se tait. Et la langue s'atrophie, elle se noie dans les larmes, elle se fait clandestine dans les terreurs. Elle se fait petite parce qu'elle reconnaît son impuissance à dire autant de malheur. Et nous sommes contraints de dire ce malheur comme gage de notre liberté. De quelle liberté suis-je capable si je dois piétiner l'analphabétisme de ma mère et de mon père ? Eux qui souffraient déjà de leur ignorance parce qu'ils mesuraient ce qu'ils ne savaient pas. Je voudrais vous faire un aveu : à mon âge et malgré tout ce que j'ai écrit, je n'ai écrit que l'analphabétisme de mes parents et je ne sais pas quand je commencerai à exprimer ma propre conscience du monde. Quand vais-je pouvoir m'écrire ?

Face à l'exil

Être francophone nous permet de maîtriser la culture française, mais cela ne veut pas dire que nous connaissons suffisamment la société française pour pouvoir y exister comme homme de théâtre. Édouard Bond dit : « Le théâtre n'est pas une chose que l'écrivain crée en misant sur sa seule ingéniosité personnelle, c'est une activité sociale. » En quittant mon pays, je me retrouvais en tant qu'homme de théâtre, doublement menacé d'exil territorial et d'exil professionnel. D'autant plus que c'est dans l'espace de théâtre que je reconstituais l'idée que je pouvais avoir de mon pays.

Par ailleurs, j'étais menacé par l'intégrisme comme beaucoup d'Algériens, mais visé et désigné surtout comme homme de théâtre. Mon seul combat face à l'intégrisme et qui justifie mon exil territorial était de continuer à faire exister l'homme de théâtre envers et contre tout. C'est ainsi que le théâtre est devenu pour moi plus qu'un métier ou une passion... Il est devenu mon existence même.

Pour pouvoir échapper à l'exil professionnel, il m'a fallu plonger dans la société française avec enthousiasme et grand appétit pour la connaître et me laisser imprégner d'elle. Il me fallait aussi l'aimer pour me donner le désir de la raconter à elle-même, c'est-à-dire à un public français. Cette plongée ne pouvait se faire qu'avec un seul guide : notre histoire commune. C'est grâce à cette histoire commune qu'à chaque étape, j'ai retrouvé une place dans cette société et cette place n'était autre qu'une interrogation nouvelle sur ma propre histoire. La seule manière d'y répondre a été de convoquer l'histoire au théâtre et de l'interroger publiquement. Car il s'agit avant toute chose de savoir de quelle histoire relève notre malheur. Et si le théâtre, c'est danser sur le malheur, avant de danser, il faut nommer ce malheur.

Tout exilé doit s'adapter au pays d'accueil. Pour les hommes de théâtre, il ne s'agit pas de s'adapter à la vie du pays mais de se convertir. et cette conversion nécessaire va mettre en danger non pas nos choix politiques et philosophiques, mais bien plus que ça. Elle met à l'épreuve notre capacité à accepter l'autre. Ecrire et faire du théâtre, c'est choisir les émotions justes sur lesquelles on articule des idées pour les rendre audibles. C'est cette alchimie qui entre en jeu, consciemment ou inconsciemment, dans tout processus de création. L'équilibre entre émotions et idées, entre le ludique et l'intellectuel, doit être maintenu. S'il est profondément perturbé, il devient alors déstabilisant et engendre une perte de confiance en soi et l'autre devient dangereux.

Un voyage initiatique est nécessaire pour se refaire, et apprendre à accepter l'autre. Ceux qui osent le voyage deviendront féconds pour le pays d'accueil. Ceux qui n'osent pas ou refusent ce voyage nourrissent des ressentiments contre le pays d'accueil parce qu'ils le rendent responsable de les avoir mis devant des choix impossibles.

Quel a été mon voyage ?

Je me définis comme tri-culturel, de culture berbère, française et arabe. Ma langue est ma pluralité, mon lieu culturel est mon métissage. Ma parole en est la synthèse. Ainsi, je suis le fils de l'histoire et non de mes parents. Ils ont été mes géniteurs biologiques et mon existence culturelle allait se faire ailleurs que dans l'espace d'origine. L'histoire allait devenir une sorte de lieu psychanalytique dans lequel je forge ma pluralité. Aujourd'hui, elle est la justification et la raison de mon outil : la langue. Elle est mon alibi identitaire. Celle du métis qui sait plusieurs langues et que chaque langue ignore. Face au danger de me perdre dans les méandres d'une vie fragilisée à tous les niveaux, j'ai compris que je devais intégrer l'exil comme une dimension intérieure à moi et non comme une situation extérieure qui risquerait de m'enfermer de plus en plus dans la solitude. C'est en apprivoisant l'exil que l'on reconquiert sa liberté. Je refuse qu'il soit mon lieu d'écriture. Il faut qu'il reste un voyage. C'est dans cette confrontation à l'exil que je compris que sa forme la plus simple était la séparation d'un pays et des siens. Quant à sa forme la plus complexe, celle qui consiste à toujours vouloir dépasser ses limites et à encourager les autres à dépasser les leurs, elle était en moi depuis longtemps. L'exil me fit comprendre que j'étais un ancien exilé nouvellement déplacé. Au bout de tous ces chemins initiatiques où mon désir fut mon guide, la poésie mon refuge, et le silence mon ennemi, je n'ai voyagé que vers moi-même à la recherche des autres. L'autre est l'aboutissement de mon écriture. Il est le lieu humain de mon écriture. L'écriture a humanisé mon « moi », elle est un voyage dont le lieu n'est pas le train mais le compagnon. Elle échappe à tous les lieux.

La liberté et aliénations francophoniques

La liberté francophone n'est pas une essence mais une conséquence. Parce que, une fois qu'on a pris suffisamment le temps de tout détruire autour de vous, jusqu'au moindre balbutiement, quand ma mère a fini par parler le silence dialectal, la langue française devient un véritable espace de liberté et le lien réel et unique avec l'universel. Elle m'ouvre un espace d'échange avec au moins tous les francophones... Mais à partir d'où et pour dire quoi ? Et là, les questions se succèdent, creusant un gouffre entre ce que je ressens vouloir dire et les outils que j'ai pour le dire. Naissent alors en moi des blocages, des inhibitions, dus au fait que je prends conscience au fur et à mesure, que je possède une langue, une culture, trop riche, qui fait que quel que soit mon génie, mon talent, parler de ma société dans cette langue, elle paraîtra plus pauvre qu'elle ne l'est et moi auteur mineur quelles que soient mes prouesses. Parce qu'on exprime des choses qui ne mettent pas à l'épreuve les limites de la culture de la langue que j'utilise. Qu'est-ce qu'écrire ? Si ce n'est pas dépasser les limites de la culture et de la langue? Là commence les aspects aliénants de la francophonie et ils sont de deux types ou catégories :

Problèmes liés à l'intimité de l'écriture.
Problèmes liés à l'idée que se font les Français de la francophonie, comme chacun sait la France n'est pas francophone, elle est française !

L'espace que m'offre ma langue maternelle est restreint dans sa liberté, comparé à celui que m'offre la langue française. Ma langue maternelle porte en elle l'expérience culturelle et historique de ma société. Dans la langue française est inscrite la culture française et notre histoire commune et ceci d'une manière indélébile, sinon je ne sais pas comment je suis devenu francophone. C'est à partir de cette histoire commune que je raconte mes histoires. Et à ce moment, j'ai l'impression de ne pas être compris par les Français. Cette incompréhension par les Français constitue déjà la première barrière à l'universalité.

Quand je parle de ma société dans l'espace de la langue française, il y a globalement deux attitudes :

La première, je considère que les deux espaces sont isomorphes, qu'ils ont les mêmes limites, les mêmes libertés, la même densité. A ce moment, toute critique de ma société est accablante et toute générosité à son égard est ridicule. Parce que mon regard est extérieur à ma société ou plutôt son point de départ n'est pas dans le centre de ce qui fait l'objet de mon discours. Mais j'aurai parlé de moi dans les codes de la langue française pour un lectorat français. Pour plusieurs raisons, les Algériens n'y ont pas accès du tout, d'autant plus qu'elle ne leur parle pas. La littérature africaine existe comme elle peut en France, mais en Afrique, on ne sait pas ce qui se crée, puis s'édite à Paris. Ainsi, nous écrivons des livres où nous parlons d'une société qui ne nous lit pas et ils sont vendus dans une société qui, à la limite, s'en fout.
Quelle est notre utilité ? Je me le demande.

La deuxième, est de tenter de rester soi, dans les limites de notre société, et prendre dans la langue française juste les mots pour dire sans se référer à elle ; à ce moment on est auteur mineur pour la langue française. Comment être totalement moi dans une langue qui n'est pas totalement moi ? Vous me direz qu'il faut faire la part des choses, je veux bien, mais dans cette part des choses qui va l'emporter ? Moi ou la langue ?

La langue française est magicienne, elle me séduit, elle est ciselée depuis des siècles par des talents, elle vous happe, vous imbibe, on a beau se défendre, on finit par céder à l'ivresse de sa beauté. On s'égare longtemps pour dire un mot qui puisse ressembler à une parole, qui serait le début d'une écriture. Mon éditeur me dit souvent : sois plus simple, Slimane ; je réponds : je suis simple. Il me répond : alors, même quand tu es simple, c'est encore compliqué.

Vous qui êtes des spécialistes de la question vous savez que ce que je dis est simple et même évident et qu'il n'a de mérite que celui d'être dit. La langue française me séduit à me faire dire que ma mère n'est rien, parce que la référence du tout est ailleurs. Est-ce que ma mère est rien ? Pardonnez-moi, mais je ne le crois pas... Et si je me mettais à y croire, ma vie serait tellement plus simple et je ferais plaisir à mon éditeur. Ma mère est à l'origine de mon écriture. Ce n'est pas sa complexité qui m'inquiète, c'est son existence.

Poincaré disait : « Démontrer que l'évidence est une évidence est une longue patience ». J'espère avoir dans ce domaine la persévérance de ma patience.

En conclusion, la liberté et l'aliénation francophonique relèvent d'un paradoxe, la langue française nous donne une distance par rapport à notre société et c'est là que s'inscrit la liberté. Mais cette distance est trop grande, elle modifie fatalement notre regard sur nous-mêmes et ça, c'est aliénant. Sur le plan culturel, elle est une grande ouverture, sur le plan de notre relation historique, elle demeurera dans notre imaginaire la blessure par laquelle nous sommes contraints de dire toutes nos autres blessures. La difficile coexistence des langues durera tant qu'on n'aura pas résolu notre problème avec l'histoire et qu'on « trimbalera » nos diverses langues comme des tares et comme les pires de nos ennemis. Pour moi, c'est grand dommage et en tant qu'écrivain c'est une vraie douleur.

Mis sur le banc de deux sociétés, celle du départ et celle de l'arrivée, on devient un regard libre sur les autres, sur nous-mêmes et la lucidité nous dit que dorénavant, nous n'existerons que par ce que nous ferons ici et maintenant. Notre projection dans le temps se mesure en unités d'existence et non d'appartenance. Nous sommes obligés de nous dépecer de nos douleurs pour pouvoir encore lire le malheur qui nous entoure. Je troque ainsi mes douleurs d'homme contre des joies d'artiste. Nul n'est exempt du malheur, et rares sont les artistes heureux.

Notices biographiques

Slimane Benaïssa est écrivain, metteur en scène et acteur. Après une vingtaine d'années pour promouvoir le théâtre en arabe parlé en Algérie, il s'est exilé en France en 1993. *Au-delà du voile* (1991), à l'origine écrit en arabe, présenté au « Festival International des Francophonies » à Limoges, l'a révélé à un public français. Citons parmi les pièces de théâtre et romans qui ont établi sa renommée d'écrivain francophone : *Les Fils de l'amertume* (1996), écrit pour le « Festival d'Avignon »; *Prophètes sans dieu* (1999) ; *Le silence de la falaise* (2001) ; *Mémoires à la dérive* (2001) et *Les Confessions d'un musulman de mauvaise foi* (2004). Benaïssa est lauréat du Grand Prix Francophone de la SACD (Société des Auteurs et Compositeurs Dramatiques) (1993).

Charles Bonn est le doyen des études des littératures francophones du Maghreb en France. Après des postes universitaires en Algérie (Constantine) et au Maroc (Fès), puis à Lyon, il est nommé professeur et directeur du Centre d'Etudes littéraires francophones et comparées à l'Université Paris XIII en 1987. Il est aujourd'hui professeur émérite de littérature générale et comparée à l'Université Lyon 2. Bonn a été le directeur d'innombrables thèses et de programmes de coopération internationale, et aussi du programme « Limag », une banque de données de recherches bibliographiques et documentaires informatisées sur les littératures du Maghreb. Parmi les revues qu'il a dirigées, citons : *Itinéraires et contact de cultures* et *Etudes littéraires maghrébines* ; parmi ses livres : *Le roman algérien de langue française. Vers un espace de communication littéraire décolonisé* (1985)) ; *Kateb Yacine : Nedjma* (1990). Il est co-directeur de la collection « *Littérature francophone* », t.1-3 (1998-2002).

Annette Boudreau est professeur de sociolinguistique à l'Université de Moncton, Canada. Originaire elle-même du Nouveau-Brunswick, elle s'est surtout spécialisée dans l'analyse des attitudes et pratiques linguistiques des locuteurs de l'Acadie des maritimes. Citons, parmi ses nombreux travaux : *Représentations et attitudes linguistiques des jeunes de l'Acadie du*

Nouveau-Brunswick (1998) ; « Le français en Acadie : maintien et revitalisation du français dans les provinces maritimes », *in Le français en Amérique du Nord : Etat présent* (2005) et « La nomination de la langue acadienne : parcours et enjeux », *in L'Acadie des origines : mythes et figurations d'un parcours littéraire et historique* (2007).

Robert Chaudenson est professeur émérite à l'Université de Provence, Président du Comité International des Etudes Créoles (depuis 1976), et directeur de publication de la revue *Etudes créoles* (depuis 1978). Il est l'auteur d'un grand nombre d'ouvrages, dont les principaux sont : *Des îles, des hommes, des langues* (1992) ; *Mondialisation : la langue française a-t-elle encore un avenir ?* (2000) ; *Creolization of Language and Culture* (2001) ; *La créolisation : théorie, implications, applications* (2003). Parmi ses principaux ouvrages récents, citons : (en collaboration avec D. Rakotomalala), *Les situations linguistiques de la Francophonie. Etat des lieux* (2004) ; *Vers une autre idée et pour une autre politique de la langue française* (2006) ; *Education et langues. Français, créoles, langues africaines* (2006) ; (dir.) « Adaptation de la didactique des langues à la diversité culturelle », *Etudes créoles* (2007).

Beïda Chikhi a enseigné les littératures française et francophones à l'Université d'Alger, à Paris XIII et à Strasbourg II. Depuis 2003 elle est professeur à l'Université Paris IV-Sorbonne, où elle dirige le Centre International d'Etudes Francophones et la collection « Lettres francophones » des Presses Universitaires de Paris-Sorbonne. Parmi ses publications nombreuses, citons : *Problématique de l'écriture dans l'œuvre romanesque de Mohammed* Dib (1989) ; *Maghreb en textes. Ecriture, histoire, savoirs et symboliques* (1996) ; *Littérature algérienne. Désir d'histoire et esthétique* (1997) et *Les romans d'Assia Djebar entre Histoire et fantaisie* (2002).

Lise Gauvin est écrivain, critique littéraire et professeur émérite au Département des littératures de langue française de l'Université de Montréal, Canada. Elle-même figure incontournable de la littérature québécoise, elle œuvre depuis trente ans pour une meilleure connaissance et diffusion de la littérature francophone africaine et canadienne en France et ailleurs. Parmi ses derniers livres, citons : *L'Ecrivain francophone à la croisée des langues* (1997), *Langagement, l'écrivain et la langue au Québec*, (2000) ; *L'instant même* (2003) ; *La Fabrique de la langue, de François Rabelais à Réjean Ducharme* (2004) et *Quelques jours cet été-là* (2007). Lise Gauvin est membre de l'Académie des lettres du Québec et de la Société royale du Canada.

Francine Alice Girard est maître de conférences en langue française à l'Université d'Agder, Norvège où elle enseigne la phonologie, la syntaxe et la traduction, et doctorante à l'Université d'Oslo. Sa thèse a pour titre : *Le cadien : un français archaïque ou avancé ? Etude de la variation linguistique*. Elle est coauteur, avec Chantal Lyche, de *Phonétique et phonologie du français* (2005).

Gilbert Grandguillaume est professeur émérite à l'Ecole des Hautes Etudes en Sciences Sociales, Paris. Anthropologue et linguiste arabisant, il est spécialiste du Maghreb et du Moyen Orient et s'intéresse en premier lieu au rapport entre *Langue, Pouvoir et société au Maghreb* (1995). Parmi ses travaux nombreux, citons aussi : *Nedroma. L'évolution d'une médina* (1976) ; *Arabisation et politique linguistique au Maghreb* (1983) ; « Langues et nation : le cas de l'Algérie », in *L'Algérie contemporaine* (2000) et *Les enjeux d'une politique linguistique* (2003).

Karin Holter est professeur émérite de littérature française à l'Université d'Oslo. Spécialiste du XXe siècle (le nouveau roman), elle a aussi travaillé sur la littérature algérienne de langue française. Parmi ses travaux, citons : « La constance difficile », in Jean Ricardou (dir.) *Claude Simon* (1975) ; « Topographie idéale pour un texte maghrébin ou La lecture du réseau métropolitain de Rachid Boudjedra », *Revue romane* (1994) ; « Histoire et filiation féminine dans l'œuvre d'Assia Djebar », in Beïda Chikhi et Marc Quagebeur (dirs.), *Les Ecrivains francophones interprètes de l'Histoire. Entre filiation et dissidence* (2006) et *La francophonie – une introduction critique* (2006, avec John Kristian Sanaker et Ingse Skattum).

Juline Hombourger est doctorante au Centre International d'Etudes Francophones à l'Université de Paris IV-Sorbonne. Le titre de sa thèse est *Le travail du négatif dans l'œuvre de Réjean Ducharme*. Elle a publié l'article « Réjean Ducharme, l'énigmatique signifié », in Beïda Chikhi (dir.), *L'écrivain masqué* (2008).

Anne Moseng Knutsen est docteur en sciences du langage. Sa thèse, *Le français à Abidjan (Côte d'Ivoire). Etude d'un continuum linguistique et social* (2007), porte sur des aspects sociolinguistiques et morphosyntaxiques de cette variété. Elle enseigne la grammaire française au Collège universitaire d'Oslo en Norvège, étant de plus chargée de cours à l'Université d'Oslo en grammaire française, sociolinguistique et études africaines (civilisation, littérature). Parmi ses articles, citons : « La série verbale en français populaire d'Abidjan », in *Actes du 23ème Congrès de Linguistique et Philologie Romanes* (2002) ; (avec Katja Ploog), « La grammaticalisation de LA en français abidjanais », in *Actes de la 2ème Rencontre Fribourgeoise de la Linguistique sur Corpus Appliquée aux*

Langues Romanes (2005) ; « Ivory Coast : The Supremacy of French », *in* A. Simpson (éd.), *Language and National Identity in Africa* (2008).

Julie Peuvergne est doctorante à l'Université de Paris X-Nanterre et Albert-Ludwigs Universität-Freiburg im Breisgau. Le titre de sa thèse est *Pratiques et représentation du français au Cameroun*. Elle a publié les articles « Étude de glissements sémantiques et syntaxiques au sein du groupe verbal dans le parler d'enseignants togolais (Lomé) », *in* Katja Ploog et Blandine Rui (éds.), *Appropriation en contexte multilingue – éléments sociolinguistiques pour une réflexion didactique à propos de situations africaines* (2006), et « Enseignants de Lomé, entre pratiques et représentations », *in Actes du colloque du 24-26 février 2005 : «Appropriation du français et construction de connaissances via la scolarisation en situation diglossique»*, COMETE (publication électronique sur CD Rom) (2007).

Ambroise Queffélec est professeur de linguistique générale et française à l'Université de Provence. Ses recherches portent sur le français de l'Afrique du Nord, de l'Afrique Centrale et de l'Afrique de l'Ouest, en premier lieu sur la lexicologie, la sociolinguistique et l'histoire de la langue française en Afrique. Il a été jusqu'en 2008 le coordonnateur du réseau « Etude du français en Francophonie » de l'Agence Universitaire de la Francophonie et le rédacteur de la revue *Le Français en Afrique* (en ligne). Parmi ses nombreux travaux, citons : *Le Français en Mauritanie*,(1998) *; Le Français au Maroc. Lexique et contacts de langues*, (2000) ; *Le Français en Algérie. Lexique et dynamique des langues* (2002) *; Le Français en Tunisie* (2004) ; *Le Français en République du Congo sous l'ère pluripartiste (1991-2006)* (2007).

Yannick Resch est professeur des universités à l'Institut d'Etudes Politiques d'Aix-en-Provence. Elle est spécialiste de littérature française – en premier lieu de Colette, dont elle coédite les œuvres à la « Bibliothèque de la Pléiade » – et canadienne. Parmi ses livres, citons : *Corps féminin, corps textuel : essai sur le personnage féminin dans l'œuvre de Colette* (1973), *Définir l'intégration. Perspectives nationales et présentations symboliques* (2001) et *Gaston Miron le Forcené Magnifique* (2005). Depuis 2005, elle est Présidente de l'Association internationale des études québécoises.

Ingse Skattum est professeur d'études francophones et responsable des Etudes africaines à l'Université d'Oslo. Elle a travaillé sur le passage de l'oral à l'écrit dans la littérature africaine, et sur le contact des langues en Afrique. En coopération avec l'Université de Bamako au Mali, elle a dirigé le projet de recherche « L'intégration des langues nationales dans le système éducatif au Mali » (1996-2006). Parmi ses travaux sont : « L'éducation bilingue dans un contexte d'oralité et d'exoglossie: théories et réalités du terrain au Mali » (1997, en ligne); éd. du numéro spécial : « L'école et les langues nationales au Mali » du *Nordic Journal of African Studies*, (2000, en ligne); *La francophonie – une introduction critique* (2006, avec John Kristian Sanaker et Karin Holter) ; « Mali : In Defence of Cultural and Linguistic Pluralism », *in* A. Simpson (éd.), *Language and National Identity in Africa* (2008).

Table des matières

TROISIEME PARTIE
PROBLEMATIQUES LITTERAIRES

ORGANISATION
INTERNATIONALE DE
LA FRANCOPHONIE

L'Organisation internationale de la Francophonie

L'Organisation internationale de la Francophonie (OIF) est une institution fondée sur le partage d'une langue, le français, et de valeurs communes. Elle compte à ce jour cinquante-cinq États et gouvernements membres et treize observateurs. Présente sur les cinq continents, elle représente plus du quart des États membres de l'Organisation des Nations unies.

- L'OIF apporte à ses États membres un appui dans l'élaboration ou la consolidation de leurs politiques et mène des actions de coopération multilatérale, conformément aux grandes missions tracées par le Sommet de la Francophonie : promouvoir la langue française et la diversité culturelle et linguistique ; promouvoir la paix, la démocratie et les droits de l'Homme ; appuyer l'éducation, la formation, l'enseignement supérieur et la recherche ; développer la coopération au service du développement durable et de la solidarité.

55 États et gouvernements membres

Albanie • Principauté d'Andorre • Royaume de Belgique • Bénin • Bulgarie • Burkina Faso • Burundi • Cambodge • Cameroun • Canada • Canada-Nouveau-Brunswick • Canada-Québec • Cap-Vert • République centrafricaine • Chypre • Communauté française de Belgique • Comores • Congo • R.D. Congo • Côte d'Ivoire • Djibouti • Dominique • Égypte • France • Gabon • Ghana • Grèce • Guinée • Guinée-Bissau • Guinée équatoriale • Haïti • Laos • Liban • Luxembourg • Macédoine (ARY) • Madagascar • Mali • Maroc • Maurice • Mauritanie • Moldavie • Principauté de Monaco • Niger • Roumanie • Rwanda • Sainte-Lucie • Sao Tomé-et-Principe • Sénégal • Seychelles • Suisse • Tchad • Togo • Tunisie • Vanuatu • Vietnam.

13 observateurs

Arménie • Autriche • Croatie • Géorgie • Hongrie • Lituanie • Mozambique • Pologne • République tchèque • Serbie • Slovaquie • Slovénie • Ukraine.

CONTACTS

Secrétariat général
28, rue de Bourgogne
75007 Paris (France)
Téléphone : (33) 1 44 11 12 50
Télécopie : (33) 1 44 11 12 87
Courriel : oif@francophonie.org
www.francophonie.org

Administration et coopération
13, quai André-Citroën
75015 Paris (France)
Téléphone : (33) 1 44 37 33 00
Télécopie : (33) 1 45 79 14 98
Courriel : com@francophonie.org

L'HARMATTAN, ITALIA
Via Degli Artisti 15 ; 10124 Torino

L'HARMATTAN HONGRIE
Könyvesbolt ; Kossuth L. u. 14-16
1053 Budapest

L'HARMATTAN BURKINA FASO
Rue 15.167 Route du Pô Patte d'oie
12 BP 226
Ouagadougou 12
(00226) 50 37 54 36

ESPACE L'HARMATTAN KINSHASA
Faculté des Sciences Sociales,
Politiques et Administratives
BP243, KIN XI ; Université de Kinshasa

L'HARMATTAN GUINÉE
Almamya Rue KA 028
En face du restaurant le cèdre
OKB agency BP 3470 Conakry
(00224) 60 20 85 08
harmattanguinee@yahoo.fr

L'HARMATTAN CÔTE D'IVOIRE
M. Etien N'dah Ahmon
Résidence Karl / cité des arts
Abidjan-Cocody 03 BP 1588 Abidjan 03
(00225) 05 77 87 31

L'HARMATTAN MAURITANIE
Espace El Kettab du livre francophone
N° 472 avenue Palais des Congrès
BP 316 Nouakchott
(00222) 63 25 980

L'HARMATTAN CAMEROUN
BP 11486
(00237) 458 67 00
(00237) 976 61 66
harmattancam@yahoo.fr

Achevé d'imprimer par Corlet Numérique - 14110 Condé-sur-Noireau
N° d'Imprimeur : 62826 - Dépôt légal : août 2009 - *Imprimé en France*